Ivan Wolffers

De lange reis van Chero en Opa Ko

Fontein

Voor Kaja

ISBN 90 261 1263 7
© 1982 Uitgeverij De Fontein bv, Baarn
Omslagtekening en illustraties: Ivan Wolffers
Grafische verzorging: Studio Combo

Verspreiding voor België:
Uitgeverij Westland nv, Schoten

1

Het is eigenlijk wonderlijk dat opa Ko bij Chero op zolder woont. Wie heeft er tegenwoordig nog een opa op zolder? Dat is ouderwets. De meeste bejaarden komen terecht in een tehuis.

Opa Ko is een ongezellige mopperaar die rommel verzamelt. In dozen en plastic zakken bewaart opa alles wat hij op zijn weg vindt. Van oude kranten tot kromme spijkers. Zo iemand is onhandig en slordig in huis.

Eigenlijk is het niet zo dat opa bij Chero in huis woont. Maar andersom.

Het huis was van opa. Hij heeft het aan Myrna gegeven. Myrna is Chero's moeder. Ze is heel erg lief en ze ruikt lekker.

Opa Ko gaf het op voorwaarde dat hij tot zijn dood op zolder mag blijven wonen.

Myrna en Bokking wilden het huis maar wat graag. Bokking is Chero's vader. Hij is erg sportief want hij slaat nooit een sportprogramma op de televisie over.

Huizen zijn erg duur. Dus het was wel reuze aardig van opa Ko.

Het is bovendien een oud huis. Heel gezellig, met allerlei onverwachte hoekjes.

'Daar valt leuk wat aan op te knappen,' zei Myrna.

Ze zegt dat nog steeds.

Bokking heeft nog niet zoveel opgeknapt. Hij heeft wat getimmerd in de gang. Het was een soort kastje om de elektriciteitsmeter weg te werken.

Of het nu aan Chero's ogen ligt of aan Bokkings timmerwerk, weet Chero niet. Het lijkt net of alles in de hoek van de kast scheef loopt.

Myrna vindt Bokkings timmerwerk lelijk en het staat haar in de weg. Als Bokking naar een sportprogramma kijkt, zegt ze:

'Zou je niet eens wat aan het huis doen? Je zit maar te zitten. Er is zoveel te doen in huis. Andere mannen zijn zo handig. Die doen alles zelf.'

'Ook de elektriciteitskastjes?' vraagt Bokking.

'Ach jij. Je hebt twee linkerhanden en je bent als de dood dat je te veel doet,' roept Myrna.

Er gebeurt dus niets in huis.

Het kan Bokking niet schelen dat opa op zolder woont.

'Je kiest je schoonvader nu eenmaal niet uit,' zegt hij. 'Ik had het heel wat beter kunnen treffen, maar ik heb deze er gratis bij gekregen toen ik Myrna tot vrouw kreeg.'

Daarna lacht hij.

Myrna zegt altijd: 'Ik haat m'n vader om wat hij m'n moeder heeft aangedaan. Maar wat er ook is gebeurd, het blijft mijn vader. Dat ik op mijn vierendertigste nog steeds bij mijn vader in huis zit, is natuurlijk heel vervelend, maar ja...'

Sommige zinnen heeft Chero zo vaak horen zeggen, dat het wel toverformules lijken. Hij twijfelt er dan ook niet aan of Myrna en Bokking menen wat ze zeggen.

Opa heeft zich wel wat moeten aanpassen.

Een deel van zijn roestige spijkers heeft hij weg moeten gooien. In het tuintje waar hij sperziebonen verbouwt, mag hij niet meer zijn eigen poep als mest gebruiken. Vroeger gooide hij 's morgens zijn nachtpot leeg in de tuin. Het liefst had hij gehad dat Myrna, Bokking en Chero ook hun uitwerpselen spaarden.

'Smerig!' vindt Myrna het.

'In China doen ze het allemaal,' zegt opa.

'Dan ga je maar naar China,' antwoordt Myrna.

'Daar gaan de boeren niet eens bij hun buurman naar de wc. Ze zijn bang om een drol te verliezen. Kostelijk spul. Het eeuwige leven zit erin. De natuur gaat altijd maar verder. Jullie zullen nog wel eens anders piepen met je kunstmest. Let op mijn woorden.'

'Zo is het wel goed, pa,' zegt Myrna.

Ja. Myrna en opa Ko hebben nog wel eens last van elkaar. Chero vindt dat jammer. Een beetje rustiger had hij wel prettig gevonden.

Op een zomervakantie-avond had Bokking eens erg veel biertjes gedronken. Hij praatte en lachte meer dan anders. Myrna was naar volleybal en opa zat op zolder.

Ineens vroeg Chero:

'Waarom haat Myrna opa?'

6

'Ach, jongen,' had Bokking gezegd. 'Dat valt allemaal wel mee. Ze lijken meer op elkaar dan Myrna lief is. Allebei even eigenwijs. Allebei oersterk en geen van de twee wil de minste zijn. Maar dit blijft onder ons. Een mannengeheim.'

Chero had geknikt. Het zal wel zo zijn. Kinderen lijken nu eenmaal veel op hun ouders.

Als hij nu maar niet te veel op Bokking gaat lijken. Die snor is nog tot daar aan toe. Dat lijkt Chero nog wel wat. Dat kan mooi zijn.

Die enorme buik van Bokking, waarin de navel wel een putje

DE SNOR VAN
BOKKING GAAT NOG

⑩

lijkt, is erger. Misschien gaat er in Chero wel een kleine Bokking verder. Die kan dan later ook weer verder in de kinderen die Chero nog krijgt. Zo leef je altijd maar door.

Misschien zit er ook wel wat van opa en Myrna in Chero.

Hij schrikt er van. Dan wordt hij ook zo eigenwijs, en kaal op de koop toe. Zou je wel stripverhalentekenaar kunnen worden met een kale kop? Want dat is Chero's grootste wens: later stripverhalentekenaar worden. Hij weet zelfs al welke scholen je daarvoor moet bezoeken.

Stront gooit opa niet meer in de tuin. Maar zijn liefhebberij voor de sperziebonen lijkt ook wel verdwenen te zijn. Het is net of hij alleen maar plezier had in bonen die op zijn eigen poep groeiden.

Opa woont al twaalf jaar op zolder. Net zo lang als Chero bestaat.

Chero bedacht zich pas dat dat misschien wel langer is dan Myrna en Bokking hadden gedacht.

Toen ze die afspraak met opa Ko maakten, wisten ze natuurlijk niet dat hij zo sterk was. Hij is nu achtenzeventig en loopt nog elke dag. Een beetje ijdel is hij ook. Als er andere oude mensen bij Chero thuis op bezoek zijn, doet hij net of hij nog zonder bril leest, maar soms houdt hij daarbij het boek op zijn kop. De drie witte haren boven op zijn schedel meent hij ook nog te moeten kammen. Daarbij staat hij nota bene nog langer voor de spiegel dan Chero wanneer die zijn haren kamt. Nou ja. Dat is meer een soort harken met de vingers van de rechterhand.

Elke dag gaat opa Ko naar de leeszaal om geleerde boeken over verre landen waar hij vroeger geweest is, in te kijken.

'Mijn leven lang gevaren,' moppert opa altijd. 'En daarom laat ik me niet in een opberghuis voor oudjes stoppen.'

Daarmee bedoelt opa Ko een bejaardencentrum.

'Daar pikken ze toch maar al je spullen af,' roept hij.

Dat bejaardencentrum mag wel blij zijn dat ze opa Ko er niet hebben. Want, jonge, jonge, wat kan die chagrijnig zijn.

Op zolder heeft opa Ko alle schatten die hij in zijn leven verzameld heeft, rondom zich staan.

Nee. Dat heeft Chero wel gezien. Myrna, Bokking en hij zullen nog heel lang opa Ko op zolder hebben. Die wordt wel honderd jaar.

8

2

Chero's opa is een mopperaar. Chero weet eigenlijk niet of hij dat zijn hele leven is geweest. Misschien zat opa toen hij zo oud was als Chero, in de schoolbanken al te kankeren op alles. Van zijn moeder heeft Chero gehoord dat opa als voornaam Ko heeft. Een krachtige naam, die past bij het sterke kale hoofd en de dikke nek.

'Altijd bruine bonen met spek gegeten,' zegt opa Ko. 'Daar krijg je zulke dikke spierballen van.'

Eens heeft Chero aan Myrna gevraagd of opa ook een mopperende vader was.

'Meestal was hij niet thuis,' antwoordde ze. 'En als hij er wel was, had hij vaak te veel gedronken. Hij is bitter geworden tijdens de crisis.'

Daar begreep Chero weinig van. Myrna vond het erg moeilijk om uit te leggen wat 'crisis' was. En Bokking had geen tijd, want er was sport op de televisie.

Het lijkt Chero iets somber. Een soort griepepidemie, waardoor het met iedereen slecht gaat.

'Myrna zegt dat je vroeger niet vaak thuis was,' zegt Chero tegen opa Ko.

'Zegt ze dat?' Opa Ko kijkt alsof hij het voor het eerst hoort. 'Dat zal dan wel. Ik ben nu eenmaal een zwerver. Ik heb altijd gevaren.'

Opa kent dan ook de hele wereld. Je kunt geen grote stad noemen of opa Ko zegt: 'Ach jongen, dat valt allemaal zo tegen. Het lijkt mooier dan het is.'

Opa Ko vertelt niet vaak over zijn reizen. Het lijkt of hij nog wel weet dat hij gereisd heeft, maar niet wat hij op die reizen heeft meegemaakt. De enkele keer dat hij zijn zolder verlaat om beneden bij Myrna, Bokking en Chero te zitten, verveelt hij iedereen met de verhalen over de slechte tijden die zullen komen.

'Let op mijn woorden. Hoogmoed komt voor de val. Ik heb ze groot zien worden en weg zien zakken.'

'Ga nou maar zitten en televisie kijken, pa,' zegt Myrna. Ze duwt hem bijna in de stoel tegenover de televisie. Aan Bokking vraagt ze:

'Hij heeft toch niets gedronken?'

Bokking haalt zijn schouders op. Dat doet hij altijd. Die schijnt nooit iets te weten.

Chero zou daarover meer kunnen vertellen, want die weet waar opa op zolder zijn fles verstopt.

'Even mijn mond opfrissen,' zegt opa Ko soms. 'Als je oud wordt, werken de speekselklieren niet best meer.'

Dan verdwijnt opa in een hoek tussen wat dozen met boeken. Chero is slim genoeg om te begrijpen wat opa daar precies doet. Hij houdt zijn mond tegenover Myrna en Bokking. Hij weet ook wel dat die twee erg boos zullen worden. Trouwens, als opa vaak zijn mond opfrist, wil hij nog wel eens iets vertellen over wat hij tijdens zijn tochten heeft meegemaakt. Chero is zo'n beetje de enige met wie hij daarover praat. Hij voelt dan ook precies aan wanneer opa Ko in de stemming is om te vertellen.

Opa begint dan altijd met:

'Let op mijn woorden, jongen. De tijden veranderen. Laat mij maar voor jou een baan regelen bij de KPM. Goed salaris en een vast pensioen. Dan ben je overal van verzekerd. Crisis of geen crisis, ze zullen je betalen. Je vader doet marskramerswerk en je moeder heeft ook de kolder in de kop. Begin jij daar nou maar niet aan. De KPM, dat is wat voor een jongen zoals jij. En avonturen dat je daar beleeft. Zo was ik eens op weg...'

En dan begint opa te vertellen.

Opa's verhalen zijn spannender dan die van Myrna. Zij legt uit over het uitsterven van de walvissen, over het uitsterven van de bomen en over het opleven van autoverkeer. Bokking vertelt aan Chero over de mandekking, de spelverdeler en op woensdagen in het voorjaar over politiek. Opa's verhalen zijn echte verhalen. Spannend. Over een vreemde wereld. Daarom is het geen wonder dat Chero vaak bij de zolderdeur kijkt of opa thuis is. Wanneer hij zijn grootvader in zichzelf hoort praten, gaat Chero stilletjes naar binnen. Hij wacht af. Met mopperpotten zoals opa kan het twee kanten op. Of hij begint te praten of hij begint te mopperen.

3

Myrna noemt het zolderkamertje van opa Ko een uitdragerij en Bokking praat er liever niet over. Hij heeft eens een grote kast voor zijn schoonvader gekocht. Daarin zou opa alles kunnen opbergen. Het lukte niet het grote gevaarte de zoldertrap op te dragen. Hij staat nu al een paar maanden in de tuin. Een stuk plastic erover heen. Myrna ergert zich eraan.
'Wanneer haal je dat ding eens weg?' vraagt ze aan Bokking.
'Aanstaande zaterdag,' zegt hij altijd, maar dan gaat hij naar het voetbalveld.
Opa heeft op zolder dus geen grote kast, maar erg veel dozen en plastic zakken. Daarin heeft hij zijn bezittingen opgeborgen. Daar heeft hij duizenden elastiekjes, duizenden boterhamzakjes – sommige nog met kruimels erin –, vele wat kromme, iets verroeste spijkers, stapels sigarenkistjes van zacht hout, een doos vol oude batterijen, een plank met lege jampotten en schroefdoppen – in enkele ligt een laagje schroeven – en hoge stapels oude kranten.
Ja, opa Ko bewaart alles.
'Want,' zegt hij, 'wie zegt mij dat ik het niet nog eens nodig heb? Jullie gooien maar alles weg alsof het niets kost. Maar er komt een tijd en dan ben je blij dat je iets bewaard hebt. Let op mijn woorden.'
Chero knikt.
Dat heeft hij van Myrna en Bokking geleerd.
'Wat zal je zo'n oude man tegenspreken?' zeggen zij. 'Die verander je toch niet meer.'
Daarom knikt Chero, maar ook omdat opa Ko volgens hem een beetje gelijk heeft. Wat kan je allemaal niet in die sigarenkistjes bewaren?
Opa hoeft als hij gaat timmeren mooi geen spijkers te kopen. Dat is zeker.
Het enige dat idioot is, zijn de enorme stapels oude kranten. Iedere dag komt er toch nieuw nieuws.

'Aan oud nieuws heb je toch niets, opa,' zegt Chero.

'Vertel mij wat,' moppert opa. 'Ik heb al dat verse nieuws vroeger al eens gelezen. Ik geloof er niet meer in. Het is altijd hetzelfde. Neem dat maar van mij aan. Hier, dit is leuk.'

Opa grijpt een krant van de stapel. Hij wijst naar een artikel dat hij met een blauw potlood heeft aangekruist.

'Boom valt op eettafel,' leest Chero bovenaan. 'Tijdens het noodweer gisteren waaide één van de hoge bomen aan de Schillerlaan om. De boom kwam terecht op het huis van de familie Holtrop. Het dak bleek niet stevig genoeg. De familie Holtrop zat juist aan de eettafel, toen de top van de eikeboom ineens dwars over de aardappelen en sperziebonen viel. De gezinsleden kwamen met de schrik en een hongerig gevoel vrij.'

'Oud nieuws is leuk,' zegt opa.

Met een blauw potlood heeft opa alle voor hem belangrijke berichten aangekruist. Een enkele keer leest Chero zo'n stukje en vaak moet hij lachen. 'Bejaard echtpaar steelt voor tienduizenden guldens uit warenhuizen.' Opa leest over Chero's schouder mee. 'Dat zijn leuke mensen. Die zou ik wel eens willen ontmoeten.'

Als hij van de zolder beneden komt, zegt Myrna altijd:

'Ga je gauw wassen. Je zit helemaal onder het stof.'

Inderdaad. Chero's handen ruiken naar oude spullen. Maar hij vindt dat eigenlijk wel lekker ruiken. Opa bewaart trouwens niet alleen maar rommeltjes. Hij heeft ook voorwerpen van vroeger. Die zal hij wel van zijn reizen hebben meegebracht. In een doos zitten wat vreemd gevormde schelpen. Er zijn twee beelden. Het een stelt een man voor met een soort hoofddoek. Het andere is een vrouw. Haar borsten zijn bloot. Op school heeft Chero daarover aan zijn vrienden verteld.

'Mijn opa heeft een beeld van een naakt wijf met blote tieten.'

'Kan je dat een keer meebrengen,' vraagt John.

Dat durft Chero niet. Misschien eens een keer als opa heel vaak frisse mondjes heeft gehaald en vaker lacht dan normaal.

Opa heeft ook een zwaard met een drakenkop als handvat: zwart met wilde witte ogen. Eén keer heeft opa het een stuk uit de schede getrokken. Veel hard staal, met hier en daar een roestvlek en een lange bloedgleuf. Ook dat wilden de jongens op school wel eens zien, maar dat is natuurlijk helemaal onmogelijk. Opa legt

geeist door Het
mmando van de
ezegd werd dat
edood omdat hij

in Warschau zat. Al Asifa
pleegde ook de recente aanslag
op een synagoge in Wenen.
(AFP, UPI)

---

agen
khs
ia

I, 10 okt. — In de
jab in het noor-
is het gisteren
aanslagen door
n, zo is in New
eld.

tad Chandigarh
chtige bom veel
r vielen echter
f gewonden. In
oij een bomaan-
de. In Faridkot
tijdig onschade-

remier Gandhi
de buitenland-
ng van de onaf-
peweging van
overdrijft. Die
e, ,,is buiten In-
n feite is ze an-
ik vind het heel
de buitenlandse
o op te blazen."
daarmee vooral
eving over een
door Sikhs, vo-
AFP)

Boom valt op Eettafel

Door onze correspondent

AMSTERDAM   10 okt.

Tijdens het noodweer gis-
teren waaide een van de hoge bomen aan de Schillerlaan
om. De boom kwam terecht
op het huis van de familie
Holtrop. Het dak bleek niet
stevig genoeg. De familie
Holtrop zat juist aan de eettafel, toen de top van de
eikenboom ineens dwars
over de aardappelen en sperziebonen viel. De gezinsleden kwamen met de schrik
vrij.

Oostenrijkse minister dood gevonden

Leabua Jonathans zegt al
een jaar dat de LLA, de mili-
taire arm van de verbannen
oppositiepartij het Basotuland
Congres (BCP), hulp krijgt
van Zuid-Afrika. Pretoria ont-
kent dit en verwijst daarbij
naar de radicale leider van het
BCP Ntsk Makhakla, die Zuid-

---

strijden. Naar verlui
al talloze kinderen g
genomen, gemarteld
executeerd.

Teenagers en zelfs
gere kinderen lopen
in de demonstraties
geestelijken en hun g
het leven van alledag
len pamfletten uit m
klachten tegen de ho
executies van guerr
ders van de Muja
Khalq en andere link
peringen die met bom
aanslagen een terre
pagne tegen Khomei
trouwen voeren.

De revolutionaire
voerders, onder wie d
bare aanklager in ʼ
Assadollah Lajavardi,
al opgeroepen om 'zel
rige kinderen' te exe
"als zij deelnemen aa
pende demonstraties'
meiny zelf spoort in ra
zendingen kinderen a
medescholieren die
positieve gedachten ko
over zijn theocratie,
geven.

"De afgelopen paar
zijn er bijna 200 kinde
met de Mujahedeen m
ten geëxecuteerd" al
leider van de Muja
Khalq, Massoud Raj
een verklaring die hij
tember uitgaf vanuit zi
lingsoord Parijs. Eer

Na huu

het altijd op de bovenste plank.

'Alles heeft zijn verhaal,' heeft opa aan Chero verteld en natuur-lijk is Chero daardoor erg nieuwsgierig geworden. Hij moet afwachten. Opa praat nu eenmaal niet vaak en zeker niet als je erom vraagt.

'Ik snap niet wat er leuk aan is om altijd bij die oude brompot boven te zitten,' zegt Myrna.

Ze heeft gelijk. Zo leuk is het er niet altijd, maar een enkele keer vertelt opa.

4

Eigenlijk vertelt opa alleen maar stukjes van een verhaal. Nooit vertelt hij een avontuur waar een begin en een einde aan zit. Nooit is het een reeks gebeurtenissen waarbij je keel van spanning gaat kriebelen. Het zijn slechts losse opmerkingen. Ze zijn zo ongewoon dat Chero er van geniet. Wat er tussen de losse opmerkingen hoort, kan Chero zelf wel bedenken. Als je niet een beetje fantasie hebt, hoef je ook geen striptekenaar te worden.
'We voeren ten zuiden van Celebes,' vertelt opa.
'Wat is voeren?' vraagt Chero.
'Verleden tijd van varen en hou je mond als je tegen me spreekt.'
Zwijgen is beter; laat opa maar praten.
'Nou heb je daar veel piraten. De mensen daar leven van de zeeroverij. Zo'n grote boot als de onze vallen ze natuurlijk niet aan. Maar toch. Het was altijd spannend in die omgeving. Er hing iets in de lucht. Ik weet niet wat.'
Meer vertelt opa niet, maar het is genoeg. Chero kan weer wat aan de jongens op school vertellen. Als hij later stripverhalen tekent, hoeft hij ook nooit iets te verzinnen.
'Ze waren moeilijk aan het werk te houden, die donkere rakkers,' zegt opa. 'Als je je omdraait doen ze niets meer. Ik wil dat ze het dek schoonmaken, maar ik wil ook even rustig een sigaartje paffen. Ineens heb ik een idee. Ik doe mijn kunstgebit uit en leg het bij ze neer. 'Wie niet werkt, die bijt ik,' zeg ik en ik ga weg. Nou, reken dat ze bang zijn. Als ik terugkom, is alles prachtig schoon. Goeie jongens. Je moet er alleen mee weten om te gaan.'
Opa grinnikt als hij eraan denkt.
'Ik snap ook niet dat die landen onderontwikkeld zijn. Laten ze mij daar maar eens een jaartje president maken,' moppert opa.
Als Chero over die dingen wel eens met Bokking praat, zegt die: 'Laat die ouwe dwaas toch kletsen. Een oude koloniaal. Dat is het. Eén die denkt, omdat hij wit is, dat hij alles beter kan dan gekleurde mensen. Onthou nou maar: het ene oor in en het andere oor uit. Luister maar niet naar zijn ouderwetse ideeën.'

Myrna knikt en Chero krijgt de indruk dat zijn opa een soort ongevaarlijke hersenziekte heeft. Toch zijn de verhalen van opa Ko prachtig.

'Ruilden jullie spiegeltjes voor specerijen?' wil Chero weten.

'Zoiets,' mompelt opa. En dan ineens: 'Ga nou maar naar beneden, want ik wil alleen zijn.'

Een paar dagen later wil opa wel weer vertellen.

'Ik ken de kroegen over de hele wereld. En ook de meisjes. Die uit het Oosten zijn het liefst.'

Opa duikt achter zijn boekendozen om een frisse mond te halen.

'Ze draaien daar zo lief met hun kontje,' voegt hij er nog aan toe.

Het mooiste vindt Chero het verhaal van het oude dorpshoofd. Opa heeft het driemaal verteld en geen enkele keer was het hetzelfde. Wanneer Chero het aan John probeert te vertellen, moet hij die drie verhalen met elkaar combineren. Natuurlijk bedenkt hij er zelf ook nog van alles bij. Zo gaat het nu eenmaal als je verhalen vertelt. Naar mensen die alles precies kunnen herhalen, luistert niemand.

In Baracoa leefde een vredelievende stam. Oorlog bestond er niet. Ziekte kwam er niet voor. Altijd was er genoeg te eten. De mensen leefden er van de visvangst en ze verbouwden wat rijst. Alleen als de regentijd lang duurde, hadden ze het wel eens moeilijk. Het weer was ruw en dus konden ze niet uit vissen gaan. Op de rijstoogst moesten ze nog wachten. Het oude stamhoofd was kaal en wijs en bovendien had hij twee mooie lieve dochters. Iedere avond ging de zon onder in een goudrode zee en nog een uur daarna kon je alle denkbare kleuren in de ogen van die twee mooie dochters op zien vlammen. Eens duurde de natte tijd heel erg lang. Er waren overstromingen en de mensen konden hun huizen op hoge poten bijna niet meer verlaten. Het voedsel raakte op. Hoe langer de droge tijd uitbleef, des te minder was er te eten. De mensen werden ziek. De mooie dochters van het stamhoofd werden mager. Veel mensen stierven, maar het had allemaal veel erger kunnen zijn als dat kale stamhoofd er niet was geweest. Die wist iedereen moed in te praten. Hij was wijs wanneer er nog wat voedsel te verdelen viel. Iedereen hield daarom erg veel van hem. Op een dag was de regentijd ineens voorbij. De mannen konden weer vissen en de rijstoogst was er ook snel. De mensen aten weer. De dochters van het

stamhoofd vulden zichzelf weer wat op. Iedereen was blij. Toen, zomaar onverwacht, stierf het stamhoofd. Iedereen was droevig. De mensen huilden en kwamen met geschenken voor het dode stamhoofd. Een hele dag lang lag het lichaam van het stamhoofd voor zijn hut. Iedereen kwam naar hem kijken. De volgende dag verschenen er vier sterke vissers. Ze legden hem in een boot. De andere dorpelingen bedekten zijn lichaam met bloemen. Daarna schoven de vissers de boot de rivier in en verdwenen zingend stroomopwaarts. Ze brachten hem naar de voorouders.

Hoe opa precies aan dat verhaal komt, weet Chero niet. Hij slikt als opa het vertelt, omdat hij ineens zoveel spuug in zijn mond heeft.
Hij moet vaak denken aan dat rare volk in Baracoa.
'Wat heb je?' vraagt Myrna. Chero haalt zijn schouders op omdat hij zijn lippen nog niet wil bewegen.
'Als er iets op school is, moet je het me vertellen.'
Chero vindt zijn moeder lief. Hij lacht naar haar. Myrna kan vast niet begrijpen dat hij wel in Baracoa zou willen wonen bij de dochters van het stamhoofd. Die zijn nu immers helemaal alleen: wezen, noem je dat. Heel even overweegt Chero of hij Myrna over dat verhaal van opa zal vertellen. Nee. Dat is geen goed idee. Als Myrna aan haar vader denkt, kan ze zich alleen maar herinneren wat hij haar moeder heeft aangedaan. Bokking heeft alleen maar last van zijn koloniale schoonvader op zolder. Daarom zwijgt Chero liever.

5

Het lijkt misschien of Chero voortdurend bij zijn opa op zolder zit. Met rode oortjes luisterend naar de geschiedenis van de draaiende billen van de dochters van het dorpshoofd.

Niets is minder waar. Meestal speelt Chero met zijn vrienden. Vlak bij school zijn wat struiken en een enkele boom. Vanuit die bomen komen ze als ruimteverkenners naar beneden. Chero is eigenlijk niemand anders dan ruimtekapitein Bill. Hij heeft een ruimtezwaard met een zwarte drakenkop en een bloedgleuf. Tenminste, dat denkt hij als hij met zijn stok zwaait.

John heeft een echte stiletto. Die mag hij van zijn moeder niet openen. Stom natuurlijk. Waarom heb je anders een stiletto? Omdat John een echt wapen heeft, is hij de generaal van het ruimteleger. Als hij in een goede bui is, mag kapitein Bill de onderaanvoerder zijn.

Chero krijgt van zijn ouders geen speelgoed dat met wapens te maken heeft. 'Onverantwoord,' zegt Myrna. Ze heeft natuurlijk gelijk. Bokking zegt ook: 'Er wordt al meer dan genoeg gemoord in de wereld.'

Nadat Chero eens een verjaardagsverlanglijst had ingeleverd waarin hij vroeg om:
1. een revolver met klappertjes en riem met holsters
2. namaakgeweer, type Winchester
3. stengun; mag ook van plastic
4. een ander wapen,

zei Myrna: 'Nou moet je eens goed horen, Chero. Met zulke dingen worden er mensen gedood. Ik vind het niet fijn wanneer je daarmee leert spelen.'

Ze heeft gelijk, maar toch zou het wel te gek zijn wanneer Chero ook iets had. Al was het alleen maar een zakmes.

John pakt zijn stiletto bij de punt en gooit het met een zwaai naar de boom. Het mes blijft niet trillend in de boom steken zoals dat in de film gebeurt.

Met een plof valt het op de grond.

'Rotboom,' zegt John. Hij raapt zijn mes op en laat het een paar keer flitsen.

John heeft reuze veel plezier van zijn mes. Pas heeft hij er een opgeblazen kikker mee in de buik geprikt.

Zulke dingen vertelt Chero maar niet aan Myrna. Die vindt dat vast niet leuk om te horen. Zelf werd Chero ook een beetje misselijk toen hij de bolle kikkerbuik zag. Daarvan wilde hij niets laten merken. Daarom gilde en lachte hij met de anderen mee. Het zou knap waardeloos zijn als ze denken dat hij een bangerd is.

Om te laten zien hoe flink hij eigenlijk is, heeft hij pas een doosje lucifers uit de keuken meegepikt. Daarmee hebben ze de stapel oude kranten bij het bejaardenhuis aangestoken.

Dat was niet zomaar. Ze moesten wel. Hun ruimtegroep werd achtervolgd. Ze konden zich maar net redden door de ruimteschepen van de vijand in de fik te steken.

'Dit was jullie vliegende schotel en die staken wij in de brand,' riep John met een hoge stem.

'En omdat jullie op onze planeet niet kunnen leven, gaan jullie nu langzaam dood,' voegde Chero er aan toe.

Er stonden heel wat bejaarden voor de ramen te kijken.

'Die hebben zeker niets anders te doen,' lachte John. Hij is nergens bang voor. Hij zwaaide vrolijk naar een grijze dame, die met een ring op de ruiten tikte. Ze keek erg boos. John schreeuwde 'Ouwe, ouwe' en bleef maar zwaaien tot er ergens een deur open ging. Het ruimteleger moest toen wel snel vluchten.

Je ziet wel. Meestal speelt Chero met zijn vrienden. Als dat niet het geval is, oefent hij in het stripverhalen tekenen. Dan komen kapitein Bill van het ruimteleger, de piraten van Celebes, de kale hoofdman van Baracoa en de brandende ruimteschepen van de vijand op het papier terecht.

Wanneer Chero niet met zijn vrienden speelt en niet tekent, is er tijd over om te lezen of na te denken. Dat laatste doet hij liever niet beneden in de huiskamer. Myrna zegt dan onmiddellijk: 'Als je toch niets doet, kan je mooi even helpen de tafel te dekken.'

Als er na al die dingen nog wat tijd over is, zit Chero bij opa op zolder. Dat komt dus niet zo heel erg vaak voor. Het is op die zolder ook zo raar.

Wie heeft er trouwens nog een opa, die tegen zeerovers heeft

gevochten? De hele zolder ruikt naar opa. Naar stof en naar de eau de cologne-lucht van de frisse mondjes. Daarbij hoor je opa steeds zachtjes mopperen. Hij weet immers hoe alles zal aflopen.

'Ze zullen het nog wel inzien. Deze verspilling kan niet eeuwig doorgaan. Geloof mij maar, jongen.'

'Mag ik je zwaard eens lenen?' vraagt Chero plotseling. 'Ik wil het zo graag aan de jongens laten zien.'

Opa moet lachen. Nou, dat gebeurt niet vaak.

'Van mij zou het nog wel mogen. Maar ik denk dat Myrna en Bokking het nooit goed zouden vinden. Laat maar hier liggen. Dat is veel beter. Het is ook geen speelgoed. In het Oosten zeggen ze dat een zwaard in zijn schede hoort. Dan blijft het vrede. Zodra je hem eruit haalt, moet er iemand sterven.'

6

Opa Ko loopt nogal veel.

'Hij is nog te gierig om de bus te betalen,' zegt Myrna.

'Ach, laat hem toch. Het kost ons toch niets,' vindt Bokking.

Opa Ko zegt daar zelf over: 'Ik heb alle tijd. Anders ben ik direct weer thuis.'

Hij loopt naar de bibliotheek. Soms blijft hij een uur in de leeszaal. Dan vraagt hij boeken vol kleurenfoto's over andere landen. Boeken over schepen vindt hij ook prachtig.

Tijdens zijn wandelingen heeft opa altijd een klein, vreemd rugzakje bij zich.

'Waarom sjouw je daar toch mee rond?' vraagt Chero.

'Dan heb ik tenminste mijn handen een beetje vrij,' antwoordt opa.

Daarmee weet Chero natuurlijk nog niet veel meer.

Een paar keer is Chero met opa mee geweest. Niet te vaak, want opa loopt altijd nogal ver. Doodop wordt Chero daarvan en opa weigert de bus te nemen.

'Laten we dan Bokking bellen,' stelt Chero voor. 'Dan kan die ons even met de auto op komen halen.'

'Ben je gek geworden,' moppert opa. 'Je bent nog een jonge jongen en je hebt sterke benen.'

'Bokking vindt het heus niet erg, hoor.'

'Zo wordt de jeugd verpest,' zegt opa.

Ja, Chero vindt zijn opa een oude zeikerd. Een tijdlang zegt hij niets. Daar krijgt hij zelf het meeste last van. Jee, wat is het stil.

'Ik heb in de krant gelezen dat er een openingsreceptie is bij Van Buren,' zegt opa ineens. 'Hij krijgt een nieuwe winkel.'

Even later loopt opa de winkel van Van Buren binnen alsof hij daar wekelijks komt. Nou, dat is heus niet zo, want Van Buren heeft een winkel in damesondergoed. Chero probeert achter de rug van zijn opa te blijven. Hij schaamt zich een beetje. Er zijn veel bloemen en mensen in keurige pakken. Daartussen loopt opa met zijn gekke rugzakje. Die gaat zonder te twijfelen naar de glunderende man met de bloem in zijn knoopsgat.

'Van harte,' zegt hij luid. Hij schudt hem de hand. 'En dit is mijn kleinzoon.'

Van Buren kijkt verbaasd naar zijn vrouw. Ze haalt nauwelijks merkbaar haar schouders op.

'Dank je,' zegt Van Buren.

Daarna loopt opa naar de tafel met glazen. Rood. Geel. Wit. Hij pakt een van de allerkleinste glaasjes en slikt het witte goedje in een slok weg. Tegen Chero zegt hij:

'Zeg, wil jij geen glaasje limonade?'

Chero knikt. Hij heeft door de lange wandeling behoorlijk wat dorst gekregen.

'Nou, nog een dan,' zegt opa veel te luid, terwijl hij zijn derde kleine glaasje pakt. 'Maar dan moet ik er echt weer vandoor, Van Buren.'

Wanneer ze samen weer buiten lopen, zegt opa: 'Je moet precies weten waar de recepties zijn. Daar krijg je gratis wat te drinken.'

Hij bukt zich en raapt een stuk plastic elektriciteitsbuis op. Zorgvuldig bekijkt opa het en vervolgens stopt hij het in de rugzak, waarin ook spijkers, elastiekjes en gevonden zakdoeken gestopt worden.

'Zonde toch. Wat de mensen allemaal weggooien,' moppert opa.

Er is niets bijzonders aan zo'n wandeling met opa. Toch vindt Chero het wel grappig. Het is ten slotte zijn opa. En af en toe zegt opa iets:

'In de Golf van Biscaje kon het behoorlijk tekeergaan, jongen.'

Chero heeft er geen idee van wat die Golf van Biscaje is. Hij is te moe om het te vragen.

'Weet je dat ik het ze eens op het toneel heb zien doen,' vraagt opa. 'In Panama!'

Chero denkt wel dat hij weet wat 'het' is. Daar heeft John het ook altijd over. Die zei pas nog: 'In Amsterdam heb je clubs, daar doen ze het voor geld op het toneel. Ik mag er gauw een keertje heen met m'n broer.'

Daar gelooft Chero niets van. John is nog veel te jong. Hij wordt nog niet eens in een film voor boven de zestien toegelaten.

Wat opa zegt, gelooft hij wel. In Panama kan ook alles. Dat ligt zo ver weg.

Ze lopen zwijgend naast elkaar.

24

Chero is te moe om te praten.

Opa heeft geen zin wat te zeggen. Die praat alleen als hij dat zelf wil. Af en toe een zin. Meer krijgt Chero niet van hem.

'Ik kon goed met die donkere rakkers opschieten. Ze gingen voor me door het vuur.'

Opa zegt zomaar 'donkere rakkers'. Dat zou Chero eens moeten proberen als Myrna erbij was. Tegen opa zou ze roepen: 'Denk toch eens na wat je in de nabijheid van een kind zegt.' Daarom vertelt Chero maar niet aan haar waar opa en hij over praten. Al vraagt ze het nog zo vaak. Ze hoeft niet alles te weten.

Opa is waarschijnlijk ook moe geworden. Ineens zwaait hij naar de bestuurder van een volkswagenbusje. Hij kent die man zeker. De auto stopt. De man kijkt verbaasd naar opa. Hij probeert zich te herinneren waarvan hij opa kent. Hij kan zich niet voorstellen dat zo'n oude man hem fopt. Opa vertrekt geen spier van zijn gezicht en zegt:

'Fijn dat u stopt. U wou natuurlijk zo'n oude man met slechte longen en zwakke benen niet aan laten modderen. Breng ons maar naar de Valeriaanstraat.'

De man in het bestelbusje durft opa niets te weigeren. Wat later staan ze voor de deur. De auto rijdt weg.

'Wie was dat nou weer?' vraagt Myrna.

'O, iemand die ik ken,' zegt opa.

'Je hebt toch niet weer rommel van de straat meegebracht?'

Opa schudt zijn hoofd. 'Wachten jullie maar af. Je zult nog aan mijn woorden denken,' moppert hij.

Chero gaat de eerste tijd niet meer met opa lopen. Hij is doodop. Alsof hij geen benen meer over heeft. Maar voorlopig kan hij aan John vertellen dat hij echt heeft gelift.

7

Raar is het eigenlijk. Er zijn dingen die kan Chero rustig met Myrna en Bokking bespreken. Toch doet hij het niet. Op een of andere manier kan het niet echt. Myrna is lief en Bokking vindt alles best. Die wordt alleen kwaad als hij zondags niet voor zevenen thuis is, zodat hij het sportprogramma mist. Chero kan echt alles aan ze zeggen.
Maar toch... Er zijn dingen, die zijn alleen van hem zelf. Die moeten maar geheim blijven. Bijvoorbeeld de sexblaadjes bij John thuis. Ze liggen in de kast van Johns broer. Als die niet thuis is, pikken ze de boekjes uit de kast. Ze bladeren ze door. Soms vind je ook wel zo'n boekje in de struiken. Alsof het haastig weggegooid is. Eén keer hebben ze bij John in de flat een plastic zak gevonden. Daarin zaten er wel twintig. Vrouwen met de benen wijd en bloesjes die wat te klein zijn. Nee, over die dingen vertelt Chero niets aan Myrna en Bokking. Dat is zijn geheim met John.
Op diezelfde manier zijn ook de gesprekken van Chero met opa geheim. Hij zwijgt als Myrna vraagt:
'Waar hebben jullie het dan over?'
'Over van alles.'
'Mag mamma dat dan niet weten?'
Ze zegt nooit mamma. Chero is op zijn hoede. Myrna is zelfs een keer een beetje boos geworden, toen hij 'mamma' zei. Hij moet haar Myrna noemen. Zo heet ze. Chero haalt zijn schouders op.
'Je hoeft toch geen geheimen voor me te hebben,' zegt ze weer. 'Ik vertel jou toch ook alles waar je om vraagt.'
'Opa vertelt wel eens over vroeger,' zegt Chero met tegenzin.
'Vertelt hij dan ook hoe hij zijn vrouw behandeld heeft?' vraagt Myrna. 'Altijd was hij weg. Als hij thuis kwam dronk hij te veel. Mijn moeder stond overal alleen voor. Elke keer weer zwanger ook. Acht kinderen had ze. Die heeft een zwaar leven gehad. En dan was hij nog te gierig om een wasmachine voor haar te kopen. Het is mijn eigen vader, maar soms haat ik hem.'

Chero wil dat allemaal niet weten. Wat kan hem dat schelen? Hij heeft zijn oma niet eens gekend. Voor hij geboren was, was oma al dood.

'Versleten was ze,' zegt Myrna, 'door een leven lang sloven. Voor die man en zijn kinderen.'

Chero kent zijn opa niet anders dan als een vreemde mopperaar op een zolder vol rommel. Af en toe vertelt die mopperkont wonderlijke verhalen.

'Wist je dat ze in India de doden verbranden?' vraagt hij. 'En in mijn tijd was het zo dat als de man overleed en de vrouw bleef leven, dan werd ze meeverbrand. Levend.'

Daarna zwijgt opa weer.

Op een dag komt opa terug van een van zijn wandelingen. Hij brengt zijn rugzakje naar de zolder. Als hij beneden komt, heeft hij een jampot bij zich. Daarin zit water en een goudvis.

'Hier, een speelmakker,' zegt hij tegen Chero.

'Hoe kom je daar nou weer aan,' vraagt Myrna. Opa geeft haar geen antwoord.

'Om de dag eten geven. Broodkruimels of zo,' zegt hij.

De vis maakt slome bewegingen met zijn mond. Open en dicht. Steeds maar weer. Hij hangt stil in het water. Chero vraagt zich even af of hij eigenlijk wel leeft.

Altijd al heeft Chero een huisdier willen hebben. Myrna houdt niet van honden. Chero gelooft dat ze er een beetje bang voor is.

'Als moeder kan je uiteindelijk die beesten nog verzorgen,' zegt ze. Daar zit wat in. Bokking en Chero zijn sloddervossen en vergeten veel. Een poes wil Myrna ook niet. Dan krijgen ze vlooien in huis. Hamsters gaan zo stinken. Een vogel in een kooi is zielig. Tegen een goudvis zal Myrna wel geen bezwaar hebben. Ze houdt van vissen. Zé vertelt zo mooi over Greenpeace en die vreselijke walvissenjacht.

'Wel een erg klein potje,' vindt ze. 'Had je voor dat beest niet een echte kom kunnen kopen? Je bent ook zo bang om geld uit te geven.'

Opa haalt zijn schouders op.

'En Chero?' vraagt ze. 'Hoe moet dat nou als we eens een paar dagen weggaan? Wie zorgt er dan voor dat beest?'

'Dat kan opa toch doen,' vindt Chero.

Hij vindt het al lang best. Hij heeft tenminste een huisdier. John heeft een hond. Zo'n grote bouvier. Daar kan je met een goudvis natuurlijk niet tegenop. Maar het leeft in elk geval ook.

'Nou ja. Het is toch wel erg leuk,' zucht Myrna. 'Maar we gaan eerst eens een grotere kom kopen. Dan kan hij tenminste wat rondzwemmen. En dan kopen we ook waterplanten en echt visvoer.'

8

Myrna heeft een ongelooflijke hekel aan druppels op de wc-bril. In het toilet hangen twee stickers en een Delfts-blauw tegeltje; daarop staat een man met een bril op zijn voorhoofd. 'Dames zitten ook graag droog. Heren doe de bril omhoog', staat er op geschreven. Chero doet maar net de deur naar de wc open, of hij hoort Myrna al roepen: 'Bril omhoog!'
Ook Bokking moet het nogal eens aanhoren.
'Ik weet niet wie dat altijd doet,' zegt Myrna, 'maar het is zo smerig. Volgens mij krijg je allerlei puisten op je billen als je in iemand anders' viezigheid moet zitten.'
Bokking haalt maar weer eens zijn schouders op. Hij weet het niet.
'Volgens mij is het je vader,' zegt hij. 'Ouwemannenkwaal.'
'Denk je?' vraagt Myrna.
Chero is meteen nieuwsgierig. Hij heeft nog nooit van een oude-mannenkwaal gehoord. Zou het een soort armzwakte zijn, waardoor je de wc-bril niet meer op kunt tillen? Wanneer hij het aan Bokking vraagt, zegt die:
'Dan heb je niet meer zo'n sterke straal. Vooral ophouden met plassen is erg moeilijk. Het druppelt maar door. Ja, van binnen wordt alles ook oud en knobbelig. Dan heb je niet meer van die gladde plasgootjes.'
Dat lijkt Chero verdraaid onhandig. Het lijkt wel een lekkende kraan. Vanaf die tijd zegt Myrna vaak tegen haar vader: 'Je moet eens naar een dokter. Volgens mij heb je een ouwemannen-kwaal.'
Opa wordt een beetje boos. 'Ik ben helemaal niet oud. Daar in dat tehuis waar jullie me in willen hebben, zijn ze oud.'
Myrna zegt het echter zo vaak, dat opa er over gaat denken. Zegt hij eerst: 'Ik ben niet oud.' Tegenwoordig zegt hij: 'Ja, volgende week hoor.' En uiteindelijk zegt hij: 'Morgenmiddag. Ik heb een afspraak.'
Hee. Dat is op een woensdagmiddag. Er gaat een golf van

opwinding door Chero's lichaam. Woensdagmiddag is Myrna op haar werk. Bokking is er ook niet. Als opa dan weg is, kan hij John mee naar huis nemen om hem het zwaard te laten zien.

'Loop je met me mee morgen?' vraagt opa aan Chero. Het is de eerste keer dat opa hem zoiets vraagt. Meestal moppert hij alleen maar.

'Ik moet naar John,' zegt hij snel.

Myrna knikt tevreden. 'Dat komt ervan,' zegt ze. 'Als je nou de bus voor dat jong betaalde, zou hij wel willen. Maar jij bent te gierig om een dubbeltje uit te geven. Dat krijg je er nou van.'

'Zullen we met de bus gaan?' vraagt opa. Zelfs Bokking kijkt er van op. Even is het nieuws op de televisie niet belangrijk voor hem.

Het is moeilijk voor Chero. In gedachten ziet hij zichzelf voor John staan met het zwaard in zijn hand. Kapitein Bill van de space-invaders. De keizer van het ruimterijk.

'Ik zal nog wel zien,' mompelt hij.

De volgende dag zorgt hij ervoor dat hij laat van school thuiskomt. Myrna en opa zijn al vertrokken. Dat is een hele opluchting. Binnen in hem is er een knagend gevoel, omdat hij niet helemaal eerlijk is geweest tegenover opa. Daar wil hij niet aan denken. Zijn vingers zweten van opwinding. Met die nattige vingers draait hij het telefoonnummer van John.

'Kom je. Dan zal ik het je laten zien.'

Binnen een paar minuten is John er. Zijn fiets ligt met draaiende wielen in het gras van de achtertuin.

'Mijn opa woont op zolder,' legt Chero uit. 'Hij is de koning van de bovenverdieping.'

John ademt hard door zijn neus. Het lijkt of hij wil laten merken dat hij Chero achterlijk vindt praten.

'Hier is het,' zegt Chero. John kijkt rond langs de sigarenkistjes en oude kranten.

'Rare bedoening hier,' zegt John. 'Het stinkt hier ook. Er mag wel eens een raam open.'

Chero let niet op Johns woorden. Hij schuift een stoel naar de planken en klimt erop. Op de bovenste plank voelt hij het zwaard. Daarmee springt hij van de stoel. Er blinkt iets van bewondering in Johns ogen. Toch zegt hij:

'O. Zoiets heeft mijn oom ook.'

'Met een bloedgleuf?' vraagt Chero.

John knikt alleen maar. 'Zit die hier dan ook in?' wil hij weten.

'Een hartstikke lange,' zegt Chero.

'Zal wel.'

Chero trekt het zwaard een klein eindje uit de schede. Er zitten bruine roestvlekjes op het oude staal.

'Hier, de bloedvlekken zitten er nog op,' zegt Chero.

'Gaat die bloedgleuf helemaal door tot het eind?' wil John weten. Er klinkt ontzag in zijn stem.

Chero knikt. Hij durft het zwaard niet helemaal te voorschijn te halen. Johns bewondering maakt hem echter overmoedig. Met een grote zwaai trekt hij de schede weg. Het lange zwaard ziet er dreigend uit. Met zijn pols maakt Chero bewegingen.

'Ik mag er altijd mee spelen van mijn opa,' schept Chero op.

Hij slaat met het zwaard in de zolderbalk. Dat is de zwarte ridder van de vijand. Hier, nog een klap kan die krijgen. Ze proberen hem een loer te draaien. Hier nog een klap. Handig afgeweerd. Steken dan maar. Raak. De zwarte ridder is een geduchte tegenstander. Ze schermen zeker vijf minuten voor Chero met een geweldige slag een eind aan het gevecht maakt. Hijgend staat hij stil. Tegenover hem is de balk vol schilfers. Nog een vijand achter hem? Met een schreeuw draait Chero zich om. Met een geweldige slag doorklieft hij een stapel oude kranten.

John is maar een beetje aan de kant gaan staan.

'Zo oefen ik dus elke dag met mijn opa,' zegt Chero nonchalant.

'Laten we maar buiten spelen,' zegt John. Buiten is hij immers weer leider van het ruimteleger. Hij heeft een stiletto. Dat zwaard telt buiten niet.

'Ik zal je de volgende keer eens de stengun van mijn vader laten zien,' zegt hij nog tegen Chero.

9

De hele dag moppert opa Ko al. Het lijkt nooit meer op te houden. Natuurlijk mopperde hij al vaak, maar tussendoor was er altijd wel een glimlach als hij zat te lezen, of een kort verhaal voor Chero. Nu houdt het niet meer op. Aan één stuk door praat hij in zichzelf met een boos gezicht. Het is niet vanwege de rommel die Chero op zolder gemaakt heeft. Daarover zegt opa geen woord. Nee. Hij moppert over de dokter.

'Is er iets met de plasstraal aan de hand. Dan gaat die pillenfrik met zijn vinger in m'n achterste,' zegt hij.

'Heb je niets frissers om over te praten?' vraagt Myrna.

'Ach. Ze doen maar wat aan,' zegt opa terug.

'De dokter zal heus wel weten wat hij doet,' zegt Myrna. 'En hou nou eindelijk eens op met dat gekanker. Je bederft mijn hele dag.'

Boos verdwijnt opa naar de zolder. Chero zou hem na willen lopen. Hij durft niet omdat hij zich schaamt vanwege de versplinterde zolderbalk en de in tweeën geslagen oude kranten.

Op zolder hoort hij opa heen en weer lopen. Even later komt opa weer beneden, met de rugzak op zijn rug. Hij wil naar de leeszaal. Chero trekt zijn jas aan om mee te lopen. Het is wel ver. Misschien kan hij door vandaag mee te gaan, nog goedmaken dat hij opa gisteren in de steek heeft gelaten.

Eerst zegt opa niet veel. Na tien minuten begint hij toch te praten.

'Als die witte monsters je een keer in handen hebben, laten ze je niet meer los,' zegt hij.

Chero kijkt op. Het lijkt wel of opa over het ruimteleger praat.

'Nou hebben ze me weer doorgestuurd naar het ziekenhuis. Met spoed, zegt die pil. Hij is zeker bang dat ik dood ben voor ik me bij de portier heb gemeld.'

Chero begrijpt waar opa over praat. Lange tijd zwijgt opa weer. Chero zou ook niet weten wat hij moet zeggen. Hij is nog nooit in een ziekenhuis geweest. Door het lopen, schudden de gedachten door opa's hoofd.

'Ik heb eens een medicijnman gezien,' zegt hij, 'die plukte wat bladeren van de bomen. Hij kookte er een sapje van. Prevelde er wat bij. Zo kreeg hij iedereen weer gezond. En als het niet lukte, zei hij gewoon dat er slechte krachten in het spel waren. Te sterk voor hem. Was er hier maar zo'n man.'

Ze zijn bij de leeszaal. Opa moet zijn rugzak afgeven.

'Mag ik de medische encyclopedie?' vraagt hij aan de jongen achter de balie.

'Welke letter wilt u?' vraagt de jongen. Opa kijkt verbaasd. Daar had hij zeker niet op gerekend. Hij denkt na.

'Geef me maar de O,' zegt hij.

Even later zitten opa en Chero in doodse stilte achter het boek. Opa's vinger glijdt langs de woorden.

'Het staat er niet in,' fluistert hij teleurgesteld. Hij loopt naar de jongen achter de balie. Ze praten samen. Even later komt opa terug met een ander deel van de encyclopedie.

'Prostaat,' fluistert hij naar Chero. 'Zo heet dat in de dokters-taal.'

Dan zoekt hij en leest ongeveer vijftien minuten lang. Chero kijkt intussen om zich heen. Er zijn twee meisjes van een middelbare school, die iets overschrijven in een schrift. Er is een heer met strenge wenkbrauwen en een donker pak. Er zit ook een man die nog jong moet zijn, maar al net zo kaal is als opa. Chero zou wel graag willen weten wat die mensen nu allemaal lezen. Hij zou met een verrekijker door een gat in het plafond mee willen kijken. Hij kijkt omhoog. Nee. Er is geen gat te zien. Verborgen zeker. Net als die geheime televisiecamera's in warenhuizen. Chero steekt zijn tong uit naar het verborgen gat. Meteen krijgt hij een rode kop. Voorlopig kan hij niet meer in de leeszaal komen. Ze weten nu dat hij onbeschoft is en zijn tong naar ze uitsteekt.

Juist had hij besloten hier vaker te komen en eens een hoop op te zoeken. Bijvoorbeeld of God echt bestaat. Of het wel zeker is dat Jezus aan zo'n kruis heeft gehangen. Dat kan John allemaal wel beweren. Chero wil het zeker weten en thuis zijn ze er niet zo van op de hoogte. Myrna en Bokking zijn geen lid van een kerkclub of zo.

Eindelijk sluit opa met een klap het boek.

'Laten we maar weer gaan,' zegt hij.

Op weg naar huis vertelt opa over de dood van een boeddhistische monnik. Hij had altijd goed geleefd. Dus wisten de mensen dat hij na zijn dood ook zuiver zou blijven. Een goede monnik gaat niet stinken. Zijn vrienden waren blij voor hem. Nu hoefde hij hier op aarde geen vervelende dingen meer mee te maken. Ze namen het lijk op hun schouders en dansten. Ze dronken uit donkere kruiken. Lachen en huilen deden ze tegelijk. Steeds sneller dansten ze met de dode monnik op hun schouders. Toch vielen ze niet. Ze bleven zingen. Het leek of ze nooit moe werden. Tegen de avond hebben ze het lichaam van de monnik uiteinde- lijk op een verhoging gelegd. Als het goed is, ligt het daar nog, want het is nooit gaan stinken.

10

Opa Ko is geen liefhebber van het ziekenhuis. Trouwens ook niet van de dokter. Hij moppert er voortdurend over. Hij vindt dat hij te lang moet wachten. Dat ze hem nooit wat vertellen. En dat hij te vaak terug moet komen.
'Je hebt ook altijd wat te kankeren,' zegt Myrna.
Dat is vreemd. Anders heeft Myrna ook altijd wat op de dokter aan te merken.
'Je moet vijfenveertig graden koorts hebben, anders komt hij niet,' zegt ze vaak. Misschien reageert ze ook meer op opa's bromtoon dan op wat hij eigenlijk zegt. Zo is ze dat gewend geraakt te doen.
Raar, denkt Chero. Tussen sommige mensen gebeurt elke dag hetzelfde. Het is of het niet anders kan. Opa moppert. Daaraan ergert Myrna zich. En Bokking haalt z'n schouders op. Het is net een toneelstuk.
'Is je dokter helemaal niet aardig?' vraagt Chero. Hij is zelf pas bij de schoolarts geweest. Dat was een heel vriendelijke me-vrouw. 'Zuster' had hij per ongeluk gezegd. Het was er vlugger uit dan hij na kon denken. Nog voor hij zich verbeteren kon, zei ze al: 'Denk je dat vrouwen geen dokter kunnen zijn.' Ze lachte erbij. Chero had een kop als een biet. Hij was blij dat Myrna er niet bij was. Omdat zijn dokter zo aardig was, kan hij zich niet voorstellen dat die van opa zo'n klier is.
'Aardige dokter. Aardige dokter?' bromt opa. 'Ik loop nu zes maanden in dat ziekenhuis en ik heb nog geen twee keer dezelfde dokter gehad. Ik vraag me af of het wel allemaal dokters zijn. Ze hebben tegenwoordig allemaal zo'n witte jas aan.'
'Vader, wat overdrijf je weer,' zegt Myrna.
Chero houdt zijn mond maar. Hij vindt de ruziewoorden en de opgewonden toon nu eenmaal niet fijn. Ook al menen ze het allemaal niet zo erg, toch geeft het hem een vervelend draaierig gevoel in zijn buik. Alsof er muizen in zitten, die zich naar buiten knagen. Wat een enge dingen kan hij zich in het hoofd halen.

Hij schrikt er zelf van.

'Als je het eens wilt zien, moet je maar meegaan,' zegt opa.

'Helemaal naar het ziekenhuis?' vraagt Chero verschrikt. Dat is immers een eind lopen. Het ligt helemaal aan de rand van de stad. Een modern hoog gebouw.

'Dat is niks voor kinderen,' zegt Myrna.

Chero begrijpt wel waarom ze dat zegt. Pas was mevrouw Knoop op visite. Myrna zei tegen haar: 'Ik hou helemaal niet van ziekenhuizen. Ik weet niet wat het is. Het is sterker dan mezelf. Zodra ik er binnenkom, word ik al licht in m'n hoofd. En ik ben bang dat ik stik. Ik heb het eigenlijk al sinds m'n moeder is overleden.'

'Gunst,' zei mevrouw Knoop, 'dat heb ik nou ook. M'n huisarts zegt dat het komt omdat ik slechte herinneringen heb aan het ziekenhuis. Er moet iets ergs gebeurd zijn. Dan blijf je altijd bang.'

Wat niet goed voor Myrna is, hoeft nog niet meteen ook slecht voor Chero te zijn. John is wel eens op bezoek bij zijn vader in het ziekenhuis geweest. John vindt, dat als het ruimteleger ergens zijn hoofdkwartier moet hebben, dat wel in het ziekenhuis is. Ze hebben daar zelfs apparaten om door mensen hun hoofden heen te lezen. Alles is er. Zelfs laserstralen. Chero vermoedt dat een laserstraal een soort wapen is. Eigenlijk wil hij daarom best met opa mee. Zo'n laserstraal wil hij wel eens zien. Als het nou maar niet zo'n vreselijk eind lopen was.

'Volgende keer misschien,' zegt Chero tegen zijn grootvader.

'Dat is volgende week al,' zegt opa.

Nu is Chero er eenmaal aan begonnen. Dan zet hij maar door ook. Woensdagmiddag moet opa voor controle. Zo noemen ze dat: 'voor controle'. Dan moeten ze in het ziekenhuis kijken of opa er nog is. Ze willen zeker weten of hij nog wel voldoende moppert.

'Ik snap niet wat je er aan vindt,' zegt Myrna. 'Maar misschien is het wel eens goed. Je gaat nu al bijna naar de brugklas en je bent nog nooit in een ziekenhuis geweest.'

Nou wordt het helemaal mooi. Chero gaat niet met opa mee omdat het leerzaam is. Hij moet het geheime hoofdkwartier van het ruimteleger inspecteren. Het is bijna grote vakantie. Dan is het ruimteleger van de vroege ochtend tot de late avond op pad.

11

’Weet je wat ik nou wel eens zou willen?’ vraagt opa aan Chero terwijl ze naar het ziekenhuis lopen. ’Nog een keertje varen. Op jezelf aangewezen zijn. Dagenlang alleen maar horizon aan alle kanten. Dan ineens die streep groen. De verrassing. Land!’
Opa heeft z’n duimen achter de riemen van zijn groene rugzakje. Chero heeft z’n handen in z’n zakken. Met zijn gymschoen trapt hij een steentje voor zich uit. Een mooi steentje trouwens. Een echt projectiel. Handig om met al je kracht weg te gooien en te zien hoe ver je komt.
’En zeerovers, opa?’ vraagt Chero. Hij heeft liever dat opa daarover vertelt. In de horizon is Chero niet geïnteresseerd.
’Onzin,’ gromt opa. Hij wil zijn eigen verhaal vertellen. ’Nee. Vreemde havenplaatsen aandoen. Colombo. Singapore. Hongkong. Merauke.’
Het zijn betoverende klanken voor Chero.
’Niet weten waar je terechtkomt. Je gaat op pad en alles is nieuw. Dat leven hier, waarbij alles voorspelbaar is, is als de dood. Er gebeurt niets. Het onverwachte, dat is leven. Nou ja. Onverwacht. Je gaat natuurlijk meestal naar de kroeg.’
Ineens vraagt hij aan Chero:
’Hoe oud ben je ook weer?’
’Dat weet u best. Twaalf,’ zegt Chero verwonderd.
’Dan ben je wel oud genoeg om dat te weten. Als je zo lang op zee bent geweest, wil je ook wel eens van bil. Begrijp je wat ik bedoel?’
Nee. Dat begrijpt Chero niet. Hij schudt zijn hoofd. Van bil gaan, daar heeft hij nog nooit van gehoord.
’Geven je vader en moeder je dan geen voorlichting?’ vraagt opa.
’O. Heeft het daar mee te maken?’
’Laat ik het zo zeggen,’ begint opa. ’Als man gevoel je bepaalde natuurlijke behoeften naar de gemeenschap.’
Opa praat plechtig. Chero denkt diep na. Wat zou opa precies bedoelen?

'Bedoel je neuken?' vraagt Chero.

'Ssst,' sist opa. Hij kijkt om zich heen. Zijn hoofd is helemaal rood.

Chero denkt dat zelfs onder dat malle petje van opa, z'n kale schedel zo rood als een stoplicht is.

Lange tijd zwijgt opa.

'Die spleetoogmeisjes zijn lief,' zegt hij ineens.

Het is maar goed dat Myrna het weer niet hoort. Die houdt niet van uitschelden. Chero denkt dat opa het wel niet zo kwaad zal bedoelen, maar toch is het onbehoorlijk. Net als wijzen naar mensen. 'Daar staat zeven jaar gevangenisstraf op,' zei Bokking eens.

'Kun je die gemakkelijk ten huwelijk vragen?' wil Chero weten.

'Lachen ze je dan niet uit?'

Opa is verbaasd.

'Trouwen? Dat is weer wat anders.'

Chero weet nu zeker dat hij een stapelgekke opa heeft. Maar dat wist hij eigenlijk allang. Hij is een keer meegeweest met John, naar z'n oma. Die woont in een tehuis midden in het bos. Het is er altijd donker en stil. Er waren drukbelletjes en handvaten op de wc. Ze had een kamer zo klein, dat alleen opa's sigarenkistjes er in zouden passen. Er waren koekjes die oudbakken smaakten en waarvan ze er met alle geweld twee moesten nemen. Foto's van kleinkinderen aan de muren. Ook een dobbelsteen van glas, helemaal vol foto's. Dat was natuurlijk een normale grootmoeder. Opa Ko is een beetje gek en heeft vieze babbels. Nou ja, vies... Niks vies eigenlijk. Het is eigenlijk heel gewoon. Alleen, je verwacht het niet van iemand die al zo oud is. Bokking roept wel eens hard 'kut' als z'n voetbalclub verloren heeft. Daar bedoelt hij gewoon niets mee. Als opa zo ernstig 'gemeenschap' zegt, bedoelt hij er wel van alles mee. Ineens wil Chero van alles aan opa vertellen. Over de kapotjes die wel eens op het schoolplein liggen. Dat de jongens die met een stokje oprapen. Dat ze daarmee naar de meisjes lopen en ze dan in hun richting gooien. Dat Johns broer een kast vol sexblaadjes heeft. Dat Janet, die vooraan in de klas zit, al tieten heeft. Dat de jongens zeggen dat de meester haar vooraan laat zitten om de hele dag naar die tieten te kunnen kijken.

'We praten er ook altijd over op school, opa,' zegt Chero.

'Waarover, jongen?'
Nu vindt Chero het toch weer moeilijk om zo maar te zeggen wat hij wilde.
Heel onhandig zegt hij:
'Gemeenschap en schuine moppen en zo.'
Opa grinnikt. Even denkt hij na. Dan zegt hij: 'Ik ken er ook nog een. Sam en Moos lopen in de woestijn. Alleen maar zand. Dan zien ze inene een oase en in die oase een wit paleis. De achterdeur staat open. Zeker omdat niemand midden in de woestijn bezoek verwacht. Ze stappen zomaar dat paleis binnen. Dat blijkt de harem te zijn. Weet je wel, alle vrouwen van de kalief bij elkaar in doorzichtige kleren. Maar er is ook een eunuch. Die pakt ze in de kraag en brengt ze bij de kalief. 'Doodstraf' zegt die meteen. 'Maar we wisten helemaal niet dat we daar niet naar binnen mochten lopen,' jammert Moos. 'We zijn hier toch zeker vreemd.' 'Nou goed,' zegt de kalief. 'Ga naar buiten en kom elk met drie vruchten terug.' Moos komt even later als eerste met drie pruimen terug. De kalief laat de opperbeul komen en die duwt de pruimen een voor een in Moos z'n kont. Moos begint te lachen als een idioot. 'Wat is er. Doet het dan geen pijn?' vraagt de kalief. 'Jawel,' antwoordt Moos, 'maar ik bescheur me als ik er aan denk dat Sam er zo met drie kokosnoten aankomt.''
Opa lacht zelf erg hard. Zijn mop is uit.
'Wat is een eunuch?' vraagt Chero.
'Een man die gecastreerd is. Dan hebben ze zijn ballen eraf gehaald,' legt opa uit.
'Doet dat dan geen pijn?'
'Natuurlijk.'
'Waarom doen ze dat dan?'
'Nou moet je me niet te veel vragen.'
Dat lijkt Chero wel erg vervelend. Trouwens, die mop was niet zo erg schuin. Chero had verwacht dat opa in die zeemanskroegen wel schuinere moppen had gehoord. Hij was wel leuk. Misschien kan hij hem onthouden voor de jongens op school.

12

Tussen twee verschillende momenten lijkt soms niet veel tijd verlopen te zijn. Was het gisteren, eergisteren of die dag ervoor? In deze geschiedenis van Chero en zijn opa is er juist veel tijd verlopen.

Als je dat aan Chero vertelt, kan hij het zich niet voorstellen. Het leven is nog precies hetzelfde. Opa lijkt nog steeds elke dag ruzie te hebben met Myrna. Hij moppert nog. Bokking kijkt televisie. Alle sportprogramma's volgt hij, want hij is erg sportief. Myrna blijft een lieve moeder. Het ruimteleger is elke dag op pad. Ze hebben heel wat vijanden moeten doden. Dat hoort er nu eenmaal bij. De ruimte moet vrij blijven van indringers en vijanden.

Een week lang heeft Chero overwogen piloot te worden als hij groot is. Nu weet hij weer zeker dat hij stripverhalentekenaar wordt.

Opa heeft in die tijd twee weken in het ziekenhuis gelegen. Chero hoefde hem van Myrna niet te bezoeken. Ze zei dat het niks voor hem was. Zelf ging ze ook niet zo graag. Soms hoorde Chero Myrna en Bokking praten met een heel bezorgde klank in hun stem. Chero weet niet precies wat het is. Een soort dreiging in de manier waarop ze de woorden uitspreken. Ze hebben dat wel meer.

Net toen Chero eigenlijk begon te merken dat opa Ko er niet meer was, kwam hij weer thuis.

Bokking had er nog niet op gerekend.

Myrna had hij horen zeggen: 'Het is ook zo'n eigenwijs stuk vreten. Als er nou wat met hem is, willen ze hem misschien niet eens terug hebben in het ziekenhuis.'

'Hij denkt maar dat de hele wereld naar zijn pijpen moet dansen,' zei Bokking.

Chero zag dat er niets aan de hand was met opa. Ze maakten zich voor niets bezorgd. Opa heeft gevaren en is oersterk. Honderd jaar wordt hij ongeveer. Regelmatig komen er witte ansichtkaarten uit het ziekenhuis. Daarin vraagt men opa of hij voor de maandelijkse controlebeurt komt. Dat doet opa wel.

'Ik moet weer naar de plas- en waterbouwkundige ingenieur,' zegt opa dan.

Op het moment dat opa en Chero naar het ziekenhuis wandelen en schuine moppen aan elkaar vertellen, is het weer tijd voor zo'n controlebeurt.

Het laatste stuk naar het ziekenhuis is het vervelendst. Dan moeten ze tegen de berg op.

'Even uitrusten,' zegt opa.

Dat is wel erg vreemd. Opa is immers zo sterk als een stier. Die hoeft nooit uit te rusten. Chero hoort hem een beetje hijgen. Hij weet niet eens dat opa dat ook kan. Chero is blij dat ze even rusten. Het gaat ook wel erg steil omhoog.

Even later lopen ze weer. Opa zegt:

'Ik ben eens een keertje op Bali geweest. Daar is de lijkverbranding een groot feest. Ze hebben wat muzikanten. Die lopen mee. En ze maken geen slome muziek. Heel vrolijk en snel. De prachtigste kleuren. Dan brengen ze allerlei offers mee. Voor de goden. Die verbranden ze. Het zijn meestal gekleurde rijst en eieren. Maar ook wel mooi houtsnijwerk of van die prachtige doeken. Zoals ik er boven op zolder ook een heb. Dat verbranden ze allemaal. De dode wordt rondgedragen in een toren. De dragers zijn helemaal door het dolle heen. Ze rennen maar op en neer. Die willen niet dat de geest van de dode de weg herkent die hij aflegt. Dan blijft hij tenminste weg. Ze hebben ook een vogel in een kooi. Op het laatst verbranden ze alles. En die vogel vliegt weg. Omhoog. Beneden blijft alleen maar de as over.'

Chero zucht. Als hij stripverhalentekenaar is, gaat hij naar Bali. Daar zal hij dan het avontuur tekenen van die wegvliegende vogel. Grote vleugels natuurlijk. Daar kan wel een dorpshoofd op vervoerd worden. Dan zal Chero een leger vliegende apen in de lucht tekenen, die het dorpshoofd en de vogel helpen. En ze vliegen maar. En vliegen maar. Door en door. Heel veel plaatjes lang. Naar de zon toe natuurlijk. In diezelfde zon liggen toevallig Myrna en Bokking in het achtertuintje te bakken. Met zoveel mogelijk bloot wit vlees liggen ze te wachten tot het bruin wordt. Dat zal Chero allemaal tekenen.

'En ook mooie vrouwtjes daar,' lacht opa. 'Ze lopen er bloot van boven. Snap je wat ik bedoel?'

EVEN LATER...

DAAR STRIJKT DE VO-
GEL NEER...

Opa kijkt schuin naar Chero. Hij houdt de duimen achter de banden van zijn rugzak.

Chero knikt. Hij is immers niet gek. Dat moet hij aan John vertellen. Voor het ruimteleger kunnen ze misschien het beste een hoofdkwartier zoeken in een ziekenhuis op Bali.

13

Aan John vertelt Chero later:
'Ik geloof eerder dat het ziekenhuis het hoofdkwartier van de vijand is. Wij moeten het in de zomervakantie proberen te overvallen. Misschien kunnen we enkele ruimtevaarders die daar gevangen gehouden worden, bevrijden. Die van de vijand dragen witte pakken. Hun zakken puilen uit van de geheimzinnige glimmende wapens. Ze zijn voortdurend aan het glimlachen om je in verwarring te brengen. Mij neppen ze niet. Mijn opa zegt dat het een stelletje gekken is. Omdat ze nooit zijn naam onthouden. En hij iedere keer opnieuw moet vertellen waarom hij komt. Ze onthouden niets. Alsof hij zo graag bij ze komt. Ze vragen het zelf toch zeker. En Myrna heeft er ook een hekel aan. Laten we ze maar in de gaten houden. De deuren gaan automatisch open. Maar ze vragen wel meteen als je binnenkomt naar je kaart. Anders laten ze je niet verder. Je mag toch die witte kamers niet in, waar de apparaten staan die gedachten lezen en stralen dwars door je lichaam schieten.'
John kijkt Chero een tijdje aan. Hij wil natuurlijk zien of Chero nou echt van lotje getikt is. Of dat hij de boel in de maling aan het nemen is.
Eindelijk zegt hij:
'Volgens mij zijn ze bij jou thuis een beetje getikt. De dokter helpt de mensen. Bij mij thuis gaan ze heel vaak naar de dokter. Mijn vader heeft het aan zijn longen en m'n moeder heeft dikke benen. Het ruimteleger moet de dokter juist helpen.'
Chero houdt zijn mond maar. John begrijpt de dingen soms zo slecht. Goed. Opa Ko is een beetje vreemd. Maar als je goed naar hem luistert, zegt hij heus wel eens goede dingen. Myrna is heel normaal. Ze houdt van walvissen. En Bokking is zeker in orde. Die houdt van sport. Chero zelf is zeker normaal. Het is maar het beste John een beetje te laten kletsen.
Het is nu eenmaal jammer dat John een stiletto heeft. Zodoende moet hij wel oppercommandant zijn. Anders zou Chero wel eens

vertellen wie vriend en wie vijand is. Hij wil John toch wel een beetje dwars zitten.

'Geloof maar niet dat jij de dokter mag helpen, hoor,' zegt Chero. 'Daar heeft hij wel z'n eigen mensen voor. Je kan het wel vergeten dat het ziekenhuis ons hoofdkwartier is.'

'We doen toch alleen maar alsof,' brengt John ertegen in. 'Je kan het je indenken.'

Ja, dat weet Chero best. John moest eens weten wat Chero zich allemaal indenkt. Dat weet niemand. Zelfs Myrna en Bokking kunnen daar nog niet eens naar raden.

Opa misschien? Weet die het? Misschien een heel klein beetje. Die snapt wel een heel klein beetje wat er allemaal in het hoofd van een stripverhalentekenaar rondspookt. Daarop lijkt het tenminste. Hij vertelt altijd de verhalen die Chero zou willen verzinnen. Als hij er maar de woorden en namen voor had.

Djibouti, Jeddah, Gandhi. Het klinkt allemaal zo mooi. Niet al die plaatsen en mensen kent opa zelf. Hij heeft er ook veel onthouden door al zijn bezoeken aan de leeszaal. Zo zegt hij opeens:

'Weet je, Gandhi was een van de vredelievendste mensen ter wereld. Hij hield niet van vechten, maakte zijn eigen kleren, ruimde zijn eigen rotzooi op, had een eigen geit, die hij zelf melkte. Hij was niemand tot last. Niemand had hinder van hem. Toch hebben ze hem vermoord. Daarna is hij verbrand. Zijn as is met melk en bloemen vermengd en in de heilige rivier van India – de Ganges – gegooid. Langzaam dreef Gandhi's vlek naar zee en de mensen bleven achter met de herinnering.'

Opa vertelt schitterend. Je zou alleen gaan geloven dat hij bij voorkeur over begrafenissen en verbrandingen vertelt. Als Chero dat hardop zegt, kijkt opa even en antwoordt:

'Het zal wel komen omdat ik ouder wordt. Op een dag verdwijn ik ook op die manier naar de zee.'

Chero houdt niet van zulke opmerkingen. Zijn wereld moet altijd blijven zoals hij is. Met Myrna, Bokking en opa. 's Winters schaatsen en 's zomers naar het zwembad. Waarom zou je het leven ingewikkelder maken? Chero voelt een vreemde angst. Hij wil niet ouder worden. Hij wil niet groeien. Kan de wereld niet stopgezet worden? Waarom moet het allemaal zo nodig veranderen?

48

'Misschien huur ik deze zomer een botter,' zegt opa. 'Dan ga ik nog een keer varen. Zou je mee willen?'

Wat een malle opa toch. Dat hoeft hij toch niet te vragen.

'Komen we met een botter wel in het Verre Oosten?' wil Chero weten.

'Natuurlijk niet. Maar op het water ben je vrij. Je vaart en je ziet wel wat er op je weg ligt. Nog één keertje. Ik wil ook wel eens wat anders dan m'n oude kranten, m'n spulletjes van vroeger en de platenboeken van de leeszaal.'

Juist. Laat John dan maar aanvoerder zijn. Laat hem maar een hoofdkwartier in het ziekenhuis maken. In z'n gedachten alleen maar. Chero gaat toevallig met zijn opa op een botter uit varen.

14

'Jouw opa is een ouwe viezerd,' zegt John.
Chero heeft aan hem verteld dat mensen die varen, wel eens van
bil willen. Zo heeft opa het aan Chero immers ook verteld? Heel
gewoon. Opa's zijn ook maar mensen. Met allerlei soorten gedachten. Ook daarover. John vindt dat oude mensen daar niet
aan horen te denken.
'Volkomen achterlijk,' zegt John. 'Hij is daar trouwens veel te
oud voor.'
'Ik zeg toch niet dat hij het nu nog doet,' verdedigt Chero zich.
'Hij vaart allang niet meer.'
'Ook erover praten doe je niet als je zo oud bent. Mijn oma zal
nog niet eens 'wind' zeggen. Je opa is gewoon een vieze oude
man.'
Chero kijkt lelijk op zijn neus. Hij gelooft er niets van. Opa is
juist heel netjes. Hij scheert zich elke dag. Soms snijdt hij zich
daarbij. Als hij twee dagen achter elkaar dezelfde onderbroek
draagt, begint Myrna al te zeggen:
'Verschoon je je wel genoeg. Ik zag geen onderbroek van je bij de
was. Als je een ongeluk krijgt zullen de mensen wel denken: Nou,
ze laten die oude man op zolder maar zo'n beetje vervuilen.
Vanavond verschonen, hoor.'
Opa heeft wel een stapel oude kranten, maar geen stapel sexblaadjes zoals Johns broer. De verhalen die opa vertelt zijn toch
ook niet echt vies. John vindt ze toevallig vies. Dan is hij een
vieze jongeman.
'Je bent zelf een vieze klootzak,' zegt Chero ineens venijnig.
John kijkt verbaasd. Wat is dat nou? Chero is altijd zo stil. Als hij
dan ineens uitbarst, word je wel een beetje bang voor hem. John
moet ineens aan Chero denken, zoals hij met dat zwaard op zijn
opa's zolder stond te zwaaien. Die is natuurlijk ook een beetje
dol. Net als zijn grootvader. Een gevaarlijke gek.
'Je houdt je bek verder over míjn opa,' zegt Chero. Hij is wel een
beetje verbaasd omdat John niets terugzegt.

Chero is ook een beetje verbaasd over zichzelf, omdat hij zelf ook vindt dat opa een beetje vreemd is. Daar heeft John wel gelijk in. Maar opa Ko is wel zijn eigen opa. Daar hoeven ze helemaal niets over te zeggen. Kapitein Bill mept iedereen die wat over zijn opa zegt, op z'n neus. Al hebben ze twintig stiletto's in hun zak.

Hij maakt een plotselinge beweging met zijn rechterhand. Die hand ziet eruit als een steen. Zo strak heeft Chero hem samengeknepen. Het is maar een hele kleine beweging. Chero dacht dat hij hem alleen maar in gedachten maakte. Maar het is van buiten ook te zien.

John rent ineens weg. De ruimtegeneraal op de vlucht.

'En je hoeft hier niet meer terug te komen met je smerige rotpraatjes over mijn opa,' roep Chero hem achterna.

Met tranen in zijn ogen van woede en schrik, draait John zich om bij de hoek. Hij wil zich niet laten kennen.

'Ik lach me dood om jou. Ik lach me dood,' roept hij met bevende stem. 'Die gekke Chero Blauw. Ha, ha.'

Als Chero op hem af wil rennen, is John ineens verdwenen. Uit de verte hoort Chero hem schreeuwen:

'Jij met je stomme stinkopa.'

Later zit Chero bij opa op zolder om hem te horen mopperen. Chero denkt: Opa is eigenlijk helemaal niet aardig. Hoor hem nou weer. Hij scheldt op de dokter. Op de pillen die hij moet slikken. Op de girokaarten die hij ongevraagd in de bus krijgt voor boeken die hij niet wil. Op de belastingen. Op alles.

'Heb het niet anders?' vraagt Chero, die door zijn eigen brutaliteit van de zenuwen krom Nederlands spreekt.

'Je lijkt op je moeder,' zegt opa.

Dat is helemaal gemeen van opa. Chero wordt wat vochtig achterin zijn ogen. Hij heeft medelijden met zichzelf. Zit hij daar opa even te verdedigen tegenover John en nu kat opa hem nog af. Opa merkt zelf ook ineens dat hij onaardig is.

'Ik word ook zo kriebelig van die pillen,' zegt hij. 'Volgens mij word ik er misselijk, mager en kaal van.'

Chero schiet in de lach.

'Je was allang kaal.'

Opa lacht mee.

'Ik had eerst drie haren bovenop. En nu nog maar twee.'

Het is weer goed tussen opa Ko en Chero.
'Ik heb ook niet meer zoveel trek als vroeger,' zegt opa. 'En het
komt volgens mij door die pillen. Misschien spoel ik ze wel door
de wc.'
Er brandt een vraag op Chero's lippen.
'John zegt dat mensen boven de zestig het niet meer doen.'
Het kwam er ineens uit. Chero begrijpt zelf niet dat hij dat heeft
durven zeggen.

'Dan is John zelf zeker nog geen zestig. Want hij weet er verdui- veld weinig vanaf. Een mens blijft een mens. Als je je leven lang van griesmeelpudding houdt, verandert dat op je zestigste toch ook niet ineens. Er zijn trouwens ook zat mensen die het hun leven lang niet interessant vinden. Dus na hun zestigste nog niet.'

Dat is duidelijk. Opa hoeft er niets aan toe te voegen. Het enige dat Chero dan nog wel graag zou willen weten, is hoe het dan met opa Ko zelf zit. Hij begrijpt dat dat nou net de dingen zijn die mensen graag geheim houden. Chero vertelt ook niet alles.

15

Soms lijkt het of je, wanneer je met je vader of moeder praat, een heel ander mens bent dan wanneer je met je vrienden praat. Toch ben je dezelfde. Wonderlijk.

Chero heeft dat in elk geval wel. Met John en de andere jongens op school is hij een kleine schreeuwerd. Hij zegt wel niet veel, maar als het ruimteleger aanvalt, is hij haantje de voorste. Als eerste springt hij uit de boom, die eigenlijk helemaal geen boom is maar een UFO. Hij lacht net zo hard als de andere jongens als er een schuine mop verteld wordt. Hij probeert ze te onthouden. Dan kan hij er later nog een stripboek van maken. Hij vergeet ze steeds. Tien lukt nog wel. Maar om er meer te onthouden heb je wel een computer nodig.

Wanneer ze in het speelkwartier met z'n allen in een kring staan, vertelt Chero ook wel eens een mop. De jongens lachen er nooit zo hard om. Wel om kleine Puk, die geen Puk heet maar gewoon Jeroen. Daarom vertelt Chero maar niet te vaak moppen. Om de moppen van Puk en John lacht hij hard. Hij zou wel de mop willen vertellen die hij van opa op weg naar het ziekenhuis heeft gehoord. Hij durft niet. Volgens Chero is het de beste mop die hij ooit gehoord heeft. Als hij hem zelf gaat vertellen, wordt hij vast minder leuk. Nee. Hij zal de mop van opa niet vertellen. Die mop gaat ze gewoon niet aan.

Thuis bij Myrna is Chero weer heel anders. Dan praten ze samen over bomen en walvissen. Hij moet dan natuurlijk vooral luisteren. Soms vraagt hij iets. Ja, als hij een lacher en bomenklimmer bij de jongens is, dan is hij bij Myrna een student. Met Bokking stoeit hij vooral. Altijd veel te kort. Bokking begint al veel te snel te hijgen.

'Dat komt omdat je te veel rookt,' zegt Chero.

'Jullie worden op school allemaal opgestookt tegen je ouders,' zegt Bokking. 'Nog even en je krijgt een beloning als je je vader aanbrengt bij de geheime anti-rookbrigade. Dan kan hij tegen zichzelf worden beschermd.'

Chero begrijpt niet helemaal goed wat Bokking zegt. Wanneer hij het aan Myrna vraagt, zegt ze dat Bokking nu eenmaal niet graag kritiek hoort.

En wie is Chero bij opa?

Bij opa is Chero een ontdekkingsreiziger.

Hij luistert. Samen met opa reist hij rond de wereld en beleeft hij zijn avonturen. Op zwijnejacht in Sumatra. Laat Myrna het maar niet horen. In een windhoos bij Kaap de Goede Hoop. Muiterij op de rede van Medan. Aanvaring in de Javazee.

's Nachts muskietennetten. Chero heeft geen idee hoe die eruit zien. Hij begrijpt wel waar ze voor dienen. Een tocht op de rug van een olifant. Opa vertelt over kruidnagelsigaretten. Over fietskoetsjes, die riksja's heten.

'Overal vogels,' zegt opa. 'In schitterende kleuren en in alle maten. Je hoort ze altijd. Vooral 's nachts. Denk niet dat het stil is in de nacht. Soms cirkelen ze rond. Van die grote zwarte zijn dat. Raven. Ze zijn bijna blauw, zo zwart zijn ze. Alsof ze in de olie gelegen hebben. En zo'n grote harde snavel. Ze azen op prooi. Net als gieren. Sommige volken in India voeren hun dode mensen aan die vogels. Ze worden in mootjes gehakt en de vogels eten tot er niets meer over is. Daarna vliegen ze weg. Alle kanten op. De hemel in. Alsof die dode zich over de hele wereld gaat verspreiden.'

'Nou heb je het alweer over begrafenissen,' zegt Chero. 'Je blijft aan de gang.'

'Sorry,' grinnikt opa, die het grappig schijnt te vinden. 'Hadden we afgesproken dat het niet mocht?'

'Ik weet het niet. Ik word er zo verdrietig van. Alsof er iets in mijn buik zit waardoor alles naar beneden zakt.'

'Ik zal m'n best doen,' zegt opa.

Even zwijgen ze allebei. Chero slaat een van opa's oude kranten open. 'Man sterft door kokosnoot' leest hij. Daar moet Chero wel even om lachen. Het is natuurlijk wel zielig voor die man dat hij precies onder die boom door liep. Maar toch.

Als Chero verder leest, ziet hij dat er jaarlijks driehonderd mensen door vallende kokosnoten doodgaan.

'Dat is wel erg,' zegt Chero. 'Kunnen ze geen netten onder die bomen hangen? Zodat er niet zoveel mensen een noot op hun hoofd krijgen?'

Opa die gezien heeft wat Chero leest, zegt:
'We moeten toch ergens aan dood. Het eeuwige leven hebben we
nu eenmaal niet. De een krijgt een ongeluk. De ander zijn hart
staat stil. Een derde krijgt kanker aan zijn prostaat. En je hebt
ook mensen die een kokosnoot op hun kop krijgen. Vroeg of laat
komen we allemaal onder zo'n boom door.'
Dat vindt Chero een beetje onzin.
'Als je zorgt dat er netten onder die bomen zitten, leven die
driehonderd mensen in elk geval wat langer. Dat is leuk meege-
nomen voor ze.'
'Maar ze moeten op een gegeven moment toch,' zegt opa.
'Later. Veel later,' zegt Chero ongeduldig. 'Pas als ze eerst een
heleboel leuke dingen hebben meegemaakt.'
'En vervelende dingen,' zegt opa.
'Die vergeet je toch altijd, opa. Ik weet alleen nog maar leuke
dingen. Misschien nog maar een of twee niet zo leuke. Je moet
altijd je best doen dat de mensen wat later doodgaan.'

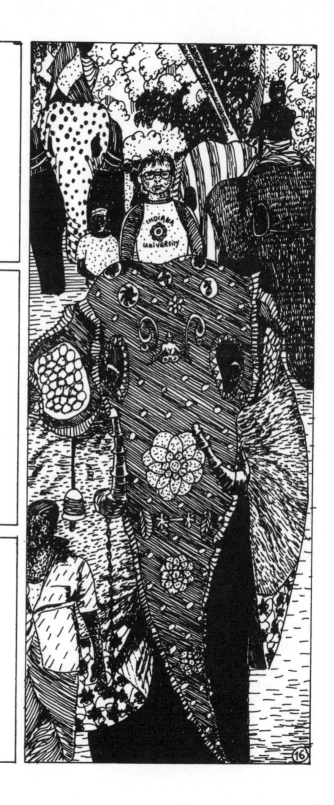

16

Zelfs Chero heeft het nu wel in de gaten. Het gaat niet zo best met opa. Zijn broeken zakken af. Zijn overhemd zit te ruim. Z'n jassen slobberen. De stierenek lijkt meer op een parkietehals. Omdat de eetlust verdwenen is, wordt opa Ko magerder en magerder. Wanneer hij beneden aan tafel zit, zegt Myrna steeds: 'Kom, pa. Eet nou toch wat. Anders word je helemaal vel over been.'

Bokking kijkt uit het raam. Het lijkt wel of die zich ineens schaamt voor zijn buikje.

'Goh. Die kast die ik voor vader gekocht heb, staat nog in de tuin,' zegt hij alsof hij hem nu pas voor het eerst ziet. 'De kraaien hebben het plastic helemaal volgepoept.'

Myrna trekt met haar mond, maar ze zegt niets.

Ze kijkt naar het bord van haar vader.

'Zou je niet wat meer opscheppen?'

Een diepe zucht. Chero weet niet van wie. Hij is juist bezig het wereldrecord erwten aan een vork prikken te verbeteren.

'Misschien een lekker stukje vlees zonder zeentjes,' hoort hij Myrna proberen.

Het lukt niet. Opa heeft er geen zin in.

'Ik heb speciaal voor jou griesmeelpudding gemaakt,' vertelt ze opa.

Hij neemt er drie happen van. Lange tijd zit hij met z'n lepel in de hand. Hij wil aardig zijn en nog een vierde hap nemen, maar het lukt hem niet. Uiteindelijk schuift hij het bakje met pudding weg.

'Laat maar,' mompelt hij. 'Een oud lichaam heeft gewoon zoveel niet meer nodig. Laat maar.'

Eén ding moet gezegd worden. Opa is nog sterk in zijn hoofd. Hij dwingt zich elke dag nog naar de leeszaal te lopen. Hij moet vaak rusten onderweg, maar hij komt er. De mensen in de straat bellen verontrust naar Myrna op.

'Ja. We kunnen hem moeilijk tegenhouden,' hoort Chero zijn

moeder in de telefoon zeggen.

Opa praat ook niet anders dan anders.

Een enkele keer komt Chero op zolder bij opa. Die zit met gesloten ogen in de stoel. Hij slaapt of hij denkt diep na. Van buiten is daarover niets te zeggen.

'Slaap je, opa?'

Een oog gaat vragend open. Wanneer opa Chero ziet, wordt het weer gesloten.

'Denk je ergens aan?'

Opa knikt.

'Waaraan?'

'Aan van alles,' legt opa uit. 'Net als anders zijn er veel te veel gedachten voor dat kleine hoofd van me. Dus ik denk eens aan dit en dan denk ik weer aan dat. Dat is alles.'

Chero maakt een 'mmmmm' geluid met zijn mond, dat 'ja' betekent. Hij weet immers wel hoe dat is. Hij heeft voor hij in slaap valt, ook altijd zoveel gedachten. De laatste tijd is er ook een heel nieuwe gedachte bijgekomen. John heeft namelijk verteld dat mensen die dood zijn naar de hemel gaan en daar verder leven als ze goed geleefd hebben. Chero vraagt zich vaak af hoe dat precies werkt. Het is in elk geval wel een fijn idee.

'Soms,' zegt opa, 'als ik mijn ogen sluit, zie ik mijzelf op de boot wegvaren. Dan ruik ik de frisse zeewind en ik hoor de meeuwen. Dan ben ik elke keer weer teleurgesteld als ik mijn ogen open en ik merk dat we de haven nog niet verlaten hebben.'

'Van de zomer met de botter,' juicht Chero. Hij is inmiddels aan het plan van opa gaan wennen.

Opa knikt onverschillig. Hij heeft geen zin om precies uit te leggen waarom hij eigenlijk knikt.

Daarna praten ze geen van beiden. Er zijn mensen met wie je niet hoeft te praten, omdat je toch aan hetzelfde denkt. Misschien verbeeld je je dat alleen. Dat is dan niet zo erg. Chero ziet de touwen en het zeil van de botter. Storm. Gevaar en zuidwesters op hun hoofd. Natuurlijk zijn ze niet zeeziek. Wind om je oren. Opa denkt natuurlijk ook aan de zeiltocht. Elk woord dat je nu zegt, is teveel. Hoelang zwijgen ze? Een half uur?

Opa Ko zegt ineens:

'Ik wil thuisblijven. Ik wil niet dat ze me met een ambulance ophalen. Ik ga er niet naar toe. Al dat gesol met je lichaam. Ik

ben moe. Ik wil gewoon thuis blijven en hier mijn hoofd neer-
leggen.'
Chero heeft het duidelijk gehoord. Er is geen twijfel mogelijk.
Chero snapt ook wel waarover opa het heeft. Hij wil het niet
horen. Hij praat er verder niet over. Snel gaat hij naar beneden.
Wanneer Chero in bed ligt, hoort hij opgewonden stemmen
vanuit de huiskamer. Myrna en Bokking praten over opa Ko.
Ze praten erover dat opa niet weg wil.
Slechts af en toe hoort Chero een woord: '...beter... genezen...
hoop... verzorging...' Nog een paar keer hoort Chero: 'Beter...
hoop... eigenwijs... te laat.' Hij zou wel mee willen praten, maar
ze luisteren vast niet naar hem.
Opa mag niet van de zolder weg. Ben je gek. Chero heeft een
gekke, mopperende opa op zolder. Al twaalf jaar zit hij daar. En
hij blijft daar. Desnoods tot Chero zelf een opa is. Dan kunnen ze
als twee oude mannetjes samen mopperen over de goeie oude
tijden, waarin er nog veel gevaren werd.

60

17

'Ik heb een vervelend bericht voor je,' zegt Myrna als Chero op een ochtend beneden komt. 'Schrik maar niet. Je goudvis is dood.'
Chero's ogen zoeken langs de vensterbank. Hij zoekt naar de vertrouwde grote bol met helder water, waarin een sliert waterplant, wat grind en een oranje vis zitten.
Niets. Er staat nu een plant waar zijn vis heeft gestaan.
'Je mag rustig huilen, hoor,' zegt Myrna. 'Het is natuurlijk niet zo leuk.'
'Waar istie?' wil Chero weten.
'Het was zo'n vies gezicht. Hij dreef op zijn rug. Ik heb hem maar gauw weggegooid, zodat je hem niet hoeft te zien.'
'Maar ik moet hem toch begraven,' zegt Chero verwonderd.
'Doe niet zo mal. Een vis niet. Wees nou maar blij dat hij al weg is. Anders had je die ellende ook nog moeten zien.'
Chero knikt. Hij begrijpt wat Myrna bedoelt.
Hij zal maar niet te veel vragen.
Het is woensdag. Myrna moet naar de universiteit. Dan heeft ze altijd haast.
Zodra ze de deur uit is, rent Chero naar de keuken. Daar staat de plastic vuilnisemmer. Chero haalt het deksel met het valluik eraf en kijkt.
Eierschaal van het ontbijt. Leeg, maar nog erg vet papier van de boter. Een doos waar melk in heeft gezeten.
Geen oranje vis.
Met zijn vingers schuift Chero de melkdoos opzij. De aardappelschillen pakt hij op en hij legt ze aan de kant.
Niets. Misschien in dat stuk keukenpapier, daar ver weggeduwd.
Het voelt zacht. Als Chero het papier openmaakt, ziet hij de oranje vis liggen. Nu ziet hij ook het grind en het waterplantje. Alsof die overbodig zijn zonder vis.
Chero zoekt alle steentjes bij elkaar en bewaart ze in zijn zakdoek.

In de huiskamer zoekt Chero tot hij het doosje vindt van het theelepeltje dat hij Myrna en Bokking gaf voor hun twaalfeneenhalfjarig huwelijk. Daarin legt hij de goudvis. Uit de speelgoedkist haalt hij wat legostukken om er een kruis van te maken. Dat doen ze in cowboyfilms immers ook.

Midden in het grasveld maakt Chero een gat.

Hij graaft erg diep.

Het kan hem niet schelen dat hij te laat op school komt. Tegen de meester zegt hij wel dat hij naar een begrafenis moest.

Als Chero gelooft dat het gat diep genoeg is, klimt hij eruit. Hij legt het doosje met de vis onderin. Dan begint hij weer al het zand in de kuil te gooien.

Verdorie. Nu heeft hij zand over. Hoe kan dat nou? Zo groot was dat doosje toch niet.

Chero springt op en neer bovenop de kuil om het zand aan te drukken... Er is nog steeds zand over. Dan maar iets hoger. Bovenop schudt hij zijn zakdoek leeg. Het grint valt. Daarna zet hij het kruis in de grond.

Jeetje. Het lijkt wel of zijn ogen nat beginnen te worden. Zo erg is het toch niet. Bokking heeft dat zelf gezegd.

'Gaat ie dood, dan kopen we gewoon een nieuwe,' zei Bokking vorige week toen Chero vroeg wat er met de vis moest gebeuren als er van de zomer niemand in huis is.

Chero hoort achter zich een geluid. Hij kijkt om. Daar staat opa in zijn steeds wijder wordende broek.

'Moet je niet naar school?'

'Ik heb even een begrafenis, opa. Mijn goudvis was dood.'

'Moet een vis dan geen zeemansgraf hebben?' wil opa weten.

'Wat is dat dan?'

'Zeemannen worden overboord gekieperd als ze dood zijn. Ze moeten natuurlijk wat verzwaard worden. Anders komen ze nog bovendrijven. Dat is zo'n rotgezicht voor de volgende boot die langsvaart. Zou dan een waterdier geen zeemansgraf verdienen?'

'Ik ga hem nou niet weer helemaal opgraven.'

Chero is er wel stil van. Dat hij daar nou niet aan gedacht heeft. Een vis begraaf je in zee. Nou ja. Begraven? Zo zal dat dan wel niet heten. De zee is hier trouwens niet om de hoek. Zo'n vis vindt het natuurlijk maar niets als hij een halve meter aarde op zijn kop krijgt.

'Misschien kan hij bij het grondwater,' zegt Chero hoopvol.
Opa knikt.
'Ga nou maar gauw naar school. Het leven gaat gewoon verder.'

Wanneer Chero uit school komt, is Myrna al thuis. Dat is gek.
Om deze tijd is ze altijd op de universiteit. Ze kijkt bezorgd.
'Moet je niet werken?' vraagt Chero.
Ze schudt het hoofd.
'Ik heb met de dokter gepraat,' vertelt ze. 'We kunnen opa echt
niet langer hier houden. Hij wordt steeds zieker. In het ziekenhuis kunnen ze hem een eersteklas verzorging geven. Wij zijn
hier maar gewoon amateurs.'
Chero weet niet of hij zijn moeder moet geloven.
'Vandaag hebben de buren me op mijn werk gebeld. Zijn hoofd
is nu ook niet meer in orde. Hij was midden in de tuin aan het
graven. Daarbij moet hij weggeraakt zijn. Hij lag tenminste
bewusteloos naast de kuil. Hij is nu in het ziekenhuis opgeno-
men.'

18

Er is veel veranderd. Opa zit niet meer boven. Zijn zolder is leeg
zonder hem. Eén keer is Chero er gaan kijken. Maar de zolder is
anders als opa er niet is. Zonder opa lijkt het inderdaad op een
uitdragerij. Een rommelruimte vol met oude kranten en rotzooi.
Daartussen is een bed en een leunstoel.
De moppergeluiden van opa ontbreken.
Nog meer mist Chero opa's verhalen.
Hoe lang is het al zo? Weken?

De laatste schooldag kwam. Ze mochten dansen. De meester
zette een pick-up buiten. Alle kinderen brachten platen mee.
Tjonge, wat hadden ze er veel bij John thuis.
De vakantie was begonnen. Het ruimteleger was elke dag bezig.
Chero en John hadden wel eens ruzie, maar vaak ook niet. Het
was elke dag druk in het zwembad. Daar lieten ze elkaar hun
piemel zien. 'Wat voor één heb jij er?' had John gevraagd.
Ze pikten een rol drop weg bij een mevrouw die lag te zonneba-
den. John liep er brutaal langs. Hij zette zijn voet boven op de rol
en tilde hem met zijn tenen op.
Ze speelden zeehondeneilandje. Daarbij doken ze onder water en
trokken dan snel hun zwembroek uit. Hun witte billen lieten ze
dan boven water uit steken. Ze schaterden het uit. Vooral toen
Clara een keer keek. Zij wilde het niet doen.
John en Chero zwoeren dat ze altijd de beste vrienden zouden
blijven. Ze wisten wel dat ze na de vakantie ieder naar een
andere school zouden gaan. Maar als je wilt, kun je gemakkelijk
vrienden blijven.
Ze deelden het geld dat ze van huis meekregen en kochten er
snoep van. Ze vonden vijf gulden en kochten er alleen maar
Marsen van. Die aten ze allemaal op. Daarna waren ze straal-
misselijk. Twee ruimtevaarders waren doodziek.
Het was een geweldige zomer. Veel mooi weer. Misschien, dacht
Chero, is dit wel de mooiste zomer die ik ooit heb meegemaakt.

Vorig jaar regende het steeds en kon hij nooit naar het zwembad. Toen had hij ook nog niet zo'n goede vriend als John.

Twee keer moest Chero mee naar het bezoekuur in het ziekenhuis. Hij moest opa opzoeken. Dat vond hij helemaal niet leuk. Hij moest er speciaal vroeger voor uit het zwembad naar huis.

Chero paste helemaal niet in dat drukke ziekenhuis. Drommen mensen in zomerkleren stonden te wachten tot de verpleger een glazen deur opende. Daarna stroomden die mensen als een rivier het gebouw binnen. En nog wel tegen de trappen op.

Chero was erg bruin in die witte kamers. De reuk van chloor zat nog in zijn haar.

Opa zei niet veel. Hij lag maar een beetje. Wit en mager op een dikke stapel kussens.

De tweede keer dat Chero kwam, hing er onder het bed een plastic zak. Daarin zat geel water. Een slangetje ging omhoog en verdween onder de dekens. Bokking legde later uit dat het slangetje regelrecht via opa's piemel naar zijn blaas liep. Dan kon de urine in één keer doorlopen.

Naast opa's bed stond een standaard. Bovenin hing een omgekeerde fles water. Die zat ook weer via een slangetje vast aan een pleister op opa's arm.

'Opa heeft extra vocht nodig,' legt Myrna uit. 'Dat kunnen ze via een slangetje uit die fles regelrecht in zijn bloed brengen.'

Vreemd vindt Chero dat. Slangetje erin en slangetje eruit. En ergens er tussenin maakt opa alles geel.

'Let je goed op mijn zolder?' vraagt opa hem. Hij wil graag iets speciaals tegen Chero zeggen.

'Och, die,' antwoordt Myrna. 'Die zien we de hele dag niet. Hij is voortdurend de hort op. Steeds hangt ie rond in het zwembad. Hij komt net als een kat alleen af en toe zijn voer halen.'

Dan zegt niemand iets. Lang zwijgen ze.

Bokking kijkt op zijn horloge.

Myrna kijkt naar de klok boven de deur.

Chero zou willen vragen hoe laat dat bezoekuur precies afgelopen is. Dat kan natuurlijk niet.

'Gaan jullie maar,' zegt opa. 'Ik word een beetje moe.'

'Ben je gek,' zegt Bokking. 'Het bezoekuur is nog lang niet om. Daarna moet je weer de hele nacht zonder ons.'

'De tuin staat er prachtig bij,' zegt Myrna, 'je herkent hem niet.'

Dan is het weer even stil.

'Weet je wie Ajax aangekocht heeft?' vraagt Bokking.

Opa antwoordt niet. Misschien weet hij het al. In het ziekenhuis hebben ze natuurlijk ook een krant. En bovendien genoeg tijd om hem te lezen.

Wat praten Myrna en Bokking hard. Het is of ze met lawaai de stiltes willen opvullen.

Op het nachtkastje staat een glas sinaasappelsap. Opa vraagt: 'Chero. Wil je het hebben?'

Chero schudt geschrokken zijn hoofd. Stel je voor dat het besmettelijk is wat opa heeft. Dan zou Chero het ook krijgen. Voor geen geld ter wereld drinkt Chero die sinaasappelsap.

Misschien is er wel een beetje spuug van opa in dat glas gevallen. Dan hoeft het niet eens besmettelijk te zijn, maar is het nog wel heel vies.

'Ik heb geen dorst,' zegt Chero snel.

Van de spanning krijgt hij ineens een droge keel.

'Nou ja. Het is weer de hoogste tijd,' zegt Bokking.

De klok wijst één minuut over half acht.

'Nou zijn we weer te lang gebleven,' zegt hij er nog achteraan.

Dat vindt Chero wel een beetje overdreven.

'Laten we maar gaan,' zegt Myrna. 'Dan kun je lekker rusten.'

Ze staan op.

Myrna kust opa's wang. Dat heeft Chero nog nooit gezien. Hij dacht dat ze zo'n hekel aan haar vader had.

Voor hij weggaat, drinkt Chero vlug iets uit de kraan naast de deur. Zo'n droge keel heeft hij.

Morgen weer lekker spelen met John en het ruimteleger in het zwembad.

19

Chero baalt behoorlijk. Iedereen is met vakantie. Iedereen. John is met zijn moeder en zijn broer naar Spanje. Als hij dan terugkomt, gaat hij ook nog een week op vakantie bij zijn vader. De meest stomme jongens – ja zelfs Evert – zijn op reis. Niemand is er om mee te spelen. Het zwembad is er niet leger om. Het stikt er nu van de mensen van de camping. Chero kent ze niet en wil ze niet kennen ook.

Zo is het nu eenmaal. In het zwembad zijn twee soorten mensen. Je eigen soort en die van de camping. Daarom gaat hij maar niet meer zwemmen. Klotecamping.

In de verlaten straat fietst hij rond op zoek naar iemand. Maar er is niemand die ook niet op vakantie is. Geen kans.

Eigenlijk zou hij met Bokking en Myrna naar Frankrijk zijn gegaan. Ineens ging dat niet door.

'Vanwege opa,' zei Myrna.

Vooral als Myrna naar haar werk is, weet Chero niet wat hij moet doen.

Bokking heeft zijn vakantie ook al verschoven.

'Laten we lekker van de winter naar Zwitserland gaan,' zegt hij alsof het hem reuze goed uitkomt. Dan moet Chero natuurlijk ergens logeren omdat hij gewoon naar school moet.

Chero zit op de stoep. Hij probeert steentjes in het putgat aan de overkant te gooien. Er is weinig verkeer.

Het is stil. Chero hoort alleen heel af en toe in de verte de bel van de melkboer. 's Zomers laat de melkboer een bel horen om de paar mensen die nog thuis zijn, hun huis uit te lokken.

Chero kijkt naar de boom. Zal hij erin klimmen? Wat is daar eigenlijk leuk aan als er geen ruimtevijanden zijn die je vanuit die boom kunt bespringen?

Zal Chero naar binnen gaan om te tekenen? Gisteren heeft hij ook al de hele dag getekend. 's Avonds pikte Myrna zijn tekening nog in ook.

'Dat zal opa leuk vinden,' riep ze uit.

Nee. Vandaag gaat Chero niet weer tekenen. En hij heeft ook geen zin om weer de stripverhalenkist open te maken en ze voor de zoveelste keer te lezen. Guust Flater, Asterix, Lucky Luke, Geheimagent IJzerbrood. Hij kan ze dromen. Ook trouwens de slome strips van Bokking. Die heeft hij in een aparte kast: Kuifje en Blake en Mortimer.

Was er maar wat op de televisie.

Chero gaat door de achterdeur het huis in. Als door een magneet wordt hij naar opa's zolder getrokken. Wat moet hij daar nou doen? Die is toch helemaal leeg?

Hij gaat in opa's stoel zitten en pakt een oude krant van de stapel.

'Vertegenwoordiger van Coca Cola vermoordt vertegenwoordiger van Pepsi Cola.' Opa heeft het aangekruist. Ja, dat is typisch iets voor opa's verzameling. Het lijkt wel of hij alle gekke manieren waarop je dood kan gaan spaart.

Chero bekijkt het zwaard met de bloedgleuf. Hij bekijkt de doeken van opa.

Ineens mist Chero opa heel erg. Hij zou met hem willen praten. Misschien zou opa kunnen vertellen over piraten. Of over de dochters van het dorpshoofd.

'Opa,' fluistert Chero alsof hij gelooft dat hij dan ineens vanachter de dozen op zal duiken.

Nog een keer zegt Chero zachtjes 'opa'.

Achter de doos staat alleen opa's fles met drank. Chero pakt hem op en zet hem in de doos. Hij wil niet dat Myrna en Bokking hem vinden.

Ineens neemt hij een besluit.

Hij gaat naar opa. Hij weet dat het niet kan. Er is immers geen bezoekuur. Toch loopt Chero de trappen af en pakt hij zijn fiets.

Achterop zijn rug neemt hij opa's rugzak. Daarin heeft hij opa's zwaard, zijn gekleurde doeken en de twee houten beeldjes gestopt.

Hij zal wel zien hoe het in het ziekenhuis afloopt. Vastbesloten rijdt hij de berg op naar het ziekenhuis.

Zijn fiets zet hij ver weg.

Zal hij over het hek klimmen? Dat heeft geen zin. Hij zal wel door de ingang moeten.

Hoe komt hij nou langs de portier? Die laat hem natuurlijk nooit

HOE KOMT HIJ NOU LANGS DE PORTIER?

door. In boekjes staat dat je in zo'n geval een verpleger van achteren moet neerslaan. Dan trek je zijn kleren aan en dan ga je vermomd als verpleger langs de portier.

Onzin natuurlijk. Het is zielig voor de verpleger en Chero is te klein.

Naast de ingang ziet Chero een stapel tijdschriften. Ze zijn er net neergelegd. De bestelwagen die ze bracht, verdwijnt juist uit het hek. Daar is zeker ook iedereen met vakantie. Zodoende kunnen ze die tijdschriften niet behoorlijk even binnen leggen. Stel je voor dat het gaat regenen. Die tijdschriften moeten natuurlijk naar de kiosk in de hal. Achter de portier.

Daar krijgt Chero een idee. Hij pakt de stapel tijdschriften, neemt ze onder zijn arm en stapt er brutaalweg mee langs de portier.

'De tijdschriften,' zegt hij met een wat zwaardere stem.

De portier kijkt niet eens op. Die denkt misschien dat Chero een vakantiehulp is.

70

Bij de kiosk achterin de hal zet Chero snel de tijdschriften neer. Rechts is de lift.

Als hij daar kan komen, heeft hij het eerste gedeelte veilig afgelegd. Het tweede deel, de gang op de vierde verdieping, is natuurlijk ook nog heel moeilijk. Stel dat hij daar iemand tegenkomt. Een jongen 's morgens vroeg in het ziekenhuis. Dat vinden ze nooit goed. Nou ja. Dat zal hij wel zien als het zover is.

Snel loopt hij naar de lift. Gelukkig is die leeg.

Chero drukt op het knopje van de vierde verdieping.

20

Op de tweede etage stopt de lift al.

Nou zullen we het krijgen, denkt Chero.

De deuren schuiven open. Een vrouw met een grote kar schuift bij Chero in de lift. Ze kijkt naar Chero, maar ze zegt niets.

Chero kijkt naar het lampje in de lift.

'Ik moet een schone pyjama naar mijn opa brengen,' zegt hij. Daarbij wijst hij naar de rugzak waarin het zwaard, de doeken en de beeldjes zitten.

De vrouw knikt, maar blijft zwijgen. Ze heeft zo haar eigen gedachten en wil helemaal niet praten.

Op de vierde etage aangekomen, stapt Chero snel uit.

Gelukkig. Daar ziet hij niemand. Maar hoe komt hij nou de gang door?

Chero gluurt door de glazen deur.

Er is niemand te zien.

Nu zegt dat niets. Hij moet langs het glazen hok, waar de verplegers en de verpleegsters zitten. Dat lukt nooit.

Chero duwt de glazen deur iets open. Hij hoort veel stemmen. Die komen ongeveer van halverwege de gang. Daar is ook precies dat glazen hok.

Misschien kan hij er maar het beste gewoon langs lopen. Als ze hem dan wat vragen, zegt hij gewoon: 'Ik kom mijn opa zijn nieuwe pyjama brengen.' Die vrouw in de lift vroeg ook niet verder.

Chero verzamelt moed en stapt door de glazen deur de gang op.

De stemmen worden steeds luider.

Ja hoor. In het hok van de verpleging stikt het van de mensen in witte pakken. Ze praten druk. Op het bureau zit een man. Op een of andere manier weet Chero dat dat de dokter is. Zijn stem hoort Chero het meest. Hij legt de anderen misschien iets uit. Die staan rond hem met schriften en pennen.

Ze zijn in het hok zo druk bezig, dat ze Chero niet eens zien.

Chero durft bijna niet te ademen. Snel, maar met zorg, zet hij zijn voeten neer. Gelukkig maken gymschoenen bijna geen geluid.

Hij is al voorbij het glazen hok. Nu kan hij de mensen erin niet meer zien. Elk moment kan hij nu door de gang horen roepen: 'Wat moet dat daar, jongetje?'

Nog twintig meter. Dan is hij bij het zaaltje van opa. Als de drie andere heren die er liggen hem maar niet verraden. Ze kunnen wel op het belletje drukken om zo'n verpleger te laten komen.

Nog tien meter. Het gaat nog steeds goed.

Ineens voelt Chero dat het hem zal lukken. Hij opent de deur van zaal 424.

De zon van de zomervakantie verlicht de vier bedden. Vier hoofden kijken verbaasd op. Het bed van opa is leeg. Een jonge verpleegster, die nog geen medailles met haar werk verdiend heeft, kijkt hem aan. De drie heren kijken ook.

'Hé. De kleinzoon van Ko,' zegt de man bij het raam.

'Wat kom jij hier doen?' vraagt de zuster.

'Mijn opa belde net. Hij wil een schone pyjama. Dus die breng ik nu even,' zegt Chero dapper. Hij wijst naar zijn rugzak.

De verpleegster glimlacht.

'Je opa ligt op een kamertje alleen, jongen,' zegt ze. 'En hij is zo slecht, dat hij niet meer kan telefoneren.'

Even wil Chero gewoon door liegen. Hij wil zeggen dat het echt waar is en dat hij net zijn opa nog aan de telefoon had. Als je goed liegt, kun je andere mensen van alles laten geloven.

Hier lukt dat niet. Chero ziet dat wel. Die glimlachende zuster kan hij niet voor de gek houden.

Alsof hij hulp wil vragen bij de drie heren, kijkt hij achter de zuster. Chero ziet alleen maar verbaasde ogen.

'Toch moet ik wat brengen,' zegt Chero beslist.

'Een pyjama heeft hij niet meer nodig. Hij heeft nu een baadje van het huis. Dat is voor ons werk veel gemakkelijker,' legt de verpleegster uit. 'En vanmiddag om twee uur is er weer bezoek-uur. Kom dan maar terug.'

'Ik moet nu naar opa toe,' zegt Chero.

'Jongen, je opa merkt al helemaal niets meer. Door de genees-middelen voelt hij geen pijn, maar hij weet ook niet veel meer.'

Chero staat daar met zijn duimen achter de banden van de rugzak.

De zuster is nieuwsgierig. Ze doet een stap naar voren en probeert in de rugzak te kijken.
'Wat heb je daar bij je?'
Even wil Chero de schat van opa verdedigen. De zuster glimlacht zo lief dat hij haar maar laat begaan. Ze kijkt in de rugzak. Haar ogen zijn verbaasd.
'Daarmee heeft opa tegen de zeerovers gevochten. Dat moet ie altijd bij hem hebben,' zegt Chero.
De verpleegster is nog jong. Haar blonde haar zit in krullen. Ze denkt diep na.
'Kom maar vlug,' fluistert ze. 'Ik kijk wel op de gang of er iemand aankomt.'
'Maar als ik nou bij opa ben en ze komen binnen?' vraagt Chero.
'Bij je opa komt niemand meer binnen,' zegt ze.

74

21

Chero wist niet dat je zo mager kon worden. Jonge, jonge. Wat is opa Ko dunnetjes. Het is net of er een kippekuikentje in de kussens ligt. Zijn wangen zijn ingevallen. Zijn kin en neus steken erg uit. Het gebit staat in een glas water op het nachtkastje.
Opa's ogen hebben een rode rand. Het blauw van de oogappel is geen echt blauw. Er ligt een witte waas overheen. Zoals de dauw die je wel eens zomers heel vroeg in de morgen op de weilanden kunt betrappen. Opa's ogen lijken nergens naar te kijken.
Nog altijd gaat er één slangetje bij opa in en één slangetje eruit. Er gaat nu ook nog een slang naar een rond stukje schuimrubber in opa's neusgat.
Op opa's magere handen liggen de aderen als kronkelende rivieren. Met een boot zou je er op kunnen varen. De armen op, naar opa's hoofd. Daarbinnen kun je dan heel hard roepen: 'Opa. Opa. Ik ben er. Chero. Ik ben op bezoek.' Dat is erg nodig. Opa merkt niet eens dat de deur open en dicht is gegaan.
Chero durft bijna niet dichterbij het bed te komen. Opa ziet er zo vreemd uit. Het is hem, maar toch ook niet. Dit kan wel iemand anders zijn, die alleen maar een beetje op opa lijkt. De echte opa loopt misschien langs de portier naar een taxi toe. Over een half uurtje zit hij vast weer op zolder. Deze man heeft wel net zo'n dunne gladde trouwring om als opa.
Chero wilde dat die lieve zuster mee naar binnen was gegaan. Hij probeert dichterbij te komen, maar het is of zijn voeten aan de grond gekleefd zitten.
Het beste lijkt het Chero om opa's spullen op het bed te zetten en dan weer weg te gaan.
Waarom wilde hij hier toch zo nodig naar toe?
Hij verzamelt moed.
Kordaat doet hij drie stappen naar het bed.
'Opa. Ik ben langs gekomen,' zegt hij.
Het lijkt wel of er geen geluid uit zijn keel komt. Hij zegt het opnieuw. Wat harder deze keer.

'Opa. Ik ben langs gekomen, hoor.'

'Je hoeft niet zo te schreeuwen,' zegt opa ineens.

Even schrikt Chero. Dat had hij niet verwacht. Ja, opa moppert nog steeds. Dit moet wel opa Ko zijn. Alleen opa kan in alle omstandigheden onaardig doen. Zo'n mopperkont.

Langzaam draaien opa's ogen naar Chero toe.

'Leuk, Chero,' zegt hij.

Het kost hem moeite. Van die paar woorden lijkt opa al heel erg moe te zijn.

'Ik heb je spullen bij me,' zegt Chero.

Hij haalt de rugzak van zijn rug. Dan pakt hij het zwaard eruit. Hij legt de doeken op het bed. Op het nachtkastje zet hij de twee houten beeldjes.

'Fijn,' fluistert opa. Misschien wil hij nog wel meer zeggen, maar hij kan het niet.

'Je bent zeker moe,' zegt Chero.

Opa doet alleen even zijn ogen dicht.

'Vroeger was je zo sterk,' zegt Chero.

Opa glimlacht.

'Weet je nog, opa. Als we samen liepen zei je: Wij zijn wandelclub D.S.B. De sterke benen. Strijk en zet. Altijd pret. Wandel mee. Met D.S.Bee.'

Opa blijft glimlachen. Hij beweegt zijn hand. Alsof hij iets zoekt. Chero pakt opa's hand. Daar zit geen kracht meer in.

Opa probeert wel te knijpen, maar Chero voelt het vrijwel niet.

'Als je zo slap bent, kunnen we nooit met die botter uit varen gaan, opa,' zegt Chero.

Opa kijkt alleen maar.

Omdat Chero hem niet teleur wil stellen, zegt hij: 'Nou, weet je. Als jij me alles vertelt. Hoe ik dat precies moet doen met die ankers en die touwen. Dan doe ik het wel. Dan maak ik voor jou een lekkere ligstoel klaar op de boot. Daar ga jij dan in zitten. Dan doe ik verder alles. Als er dan zeerovers komen, varen we maar wat harder. Dan kunnen ze ons niet inhalen.'

'Zo'n grote boot als de onze vallen ze niet aan, jongen,' zegt opa met veel moeite. Hij hijgt ervan.

'Precies. En we koken zelf. We laten Myrna gewoon thuis. Iedere dag gebakken eieren met brood en appelmoes uit blik. Voor een paar weken is dat toch niet erg?'

76

'Scheepsbeschuiten,' hoest opa.
'Die was ik nog vergeten. Dan varen we de rivieren af tot we bij de tropische eilanden komen. Daar mogen we wel bij het stamhoofd eten.'
Opa knikt.
'Ze zullen er wel een nieuw stamhoofd hebben. Maar de dochters van dat vroegere stamhoofd, die zijn er nog. Daar logeren we dan samen. Misschien is het nieuwe stamhoofd wel helemaal niet aardig. En willen ze jou. Omdat je ook kaal bent.'
Weer knikt opa. Zijn hoofd gaat met een rukje naar beneden tot zijn kin op zijn borst rust. Hij ademt niet meer.

22

Nee, geen zuchtje adem komt er nog uit opa Ko's mond en daardoor weet Chero het. Hij is er gewoon zeker van.

Hij kust zijn altijd mopperende opa op de koude wangen.

Daarna neemt hij de bonte doeken en spreidt die uit over opa's bed.

Het wordt ineens gezellig in de ziekenhuiskamer.

Chero neemt de twee beeldjes. Aan elke kant van opa legt hij er een in bed. Het lijkt wel of opa met de dochters van het dorpshoofd in een bed ligt.

De bloemen haalt Chero uit de vazen. Die strooit hij over opa heen.

Het zwaard legt hij onder opa's rechterhand. Even denkt Chero dat hij het zelf mee moet nemen. Maar nee. Het hoort bij opa's schat.

Chero klimt op het bed. Eén van de veelkleurige doeken slaat hij om zijn middel. Hij grijpt de standaard waaraan de fles hangt. Dat is de vaarboom.

Langzaam laat Chero de boot met het lichaam van het dorpshoofd vertrekken. Stroomopwaarts gaat het. Naar de voorouders moet Chero hem brengen. Naar het gebied waar de dromen van alle mensen ooit bij elkaar komen.